Inhalt

Einführung in das Heft

Das vorliegende Heft befasst sich mit Morgenkreisen. Sie sind vornehmlich für die Grund- und Hauptschule konzipiert. Es wird somit dem Wunsch nach Praxisbeispielen für den Schulunterricht Rechnung getragen.

Der Verfasser der Einheiten, Raimund Wolf, hat über Jahrzehnte an Grund- und Hauptschulen in Österreich unterrichtet, zuletzt an der Bundesanstalt für Kindergartenpädagogik in Innsbruck. Als Dozent und Fortbildner an der Kirchlichen Pädagogischen Hochschule Edith Stein in Innsbruck und in Verbindung mit einem der Hochschule angeschlossenen Institut für religionspädagogische Bildung hält Raimund Wolf Kurse für LehrerInnen und KindergartenpädagogInnen.
Seine große Vorliebe gilt dem Land Israel. So organisiert und leitet er immer wieder Bildungs- und Pilgerreisen dorthin und bringt mit der ihm eigenen Begeisterung den Teilnehmern das Heilige Land nahe.
Aus diesem Geist sind auch die vorliegenden Einheiten geprägt. Sie machen mit dem Leben Jesu vertraut und dies in Verbindung mit geografischen Gegebenheiten seiner Heimat. Sachwissen und Lebenswissen kommen so gleichermaßen zum Tragen.

Sowohl im Heft wie in der dem Heft zugeordneten Bildermappe werden Aquarellzeichnung vom Innsbrucker Altbischof Dr. Reinhold Stecher vorgestellt. Der Tyrolia-Verlag Innsbruck stellte die Zeichnungen zur Verfügung. Herrn Bischof Dr. Reinhold Stecher und dem Tyrolia-Verlag sei dafür großer Dank gesagt. Dank gebührt auch Frau Hanni Neubauer, die in einfühlsamer Weise die Bilder mit meditativen Texten ergänzt hat.

Das Heft gibt, wie bereits erwähnt, vor allem den im Religionsunterricht an Schulen Tätigen Anregungen für einen ganzheitlichen Umgang mit der Gestalt Jesu und seiner Botschaft. Für den Kindergarten eignet sich wohl mehr der letzte Beitrag mit der Thematik „Der Herr ist mein Hirte".

Wir wünschen allen Lesern Freude an diesem Heft.

Franz Kett, Schriftleiter und Herausgeber

Gedanken zum Titelbild

Der Herr hat mich gerufen

Ein Nebelberg liegt auf dem See,
der kühlfeuchte Rest einer Nacht!

Frühmorgens, noch im Dunkeln,
ist die Zeit der Fischer.
Sie legen Hoffnung in die Netze,
versenken sie im See
und warten da im Morgengrauen
bis sanft das neue Licht
den Tag bestimmt.

Wenn dann,
die graue Nebelwand
durchsonnt,
Lichterfunken
auf den Wellen tanzen,
holen die Fischer ihre Netze ein.

Was ziehen sie an Land?
Glück oder Enttäuschung?
Zukunft oder Niedergang?

„Lasst eure Netze liegen
und alle Wünsche,
die ihr hineingelegt habt!“,
spricht der Herr.
„Folgt mir!
Ich will euch Zukunft und Leben schenken!“

Herr, welches grenzenlose Vertrauen erwartest du von uns!
Wenn wir deinem Ruf folgen, werden wir nicht im Trüben fischen,
denn dein Wort ist wahr!

Hanni Neubauer

Gedanken zum Thema

Atemholen am Morgen

Mit Morgenkreisen in den Tag und in die Woche

Morgenkreise werden in vielen pädagogischen und kirchlichen Einrichtungen praktiziert. Sie dienen der Versammlung und Besinnung in der Schulgemeinschaft, in der Kindertagesstätte oder im pfarrlichen Leben. Jugendliche nennen sie Frühschicht oder in der vorweihnachtlichen Zeit auch „Adventstropfen". Morgenkreise weisen eine klare Struktur im Aufbau und wiederkehrende Rituale auf. Wesentliche Merkmale sind Ruhe und Stille, soziales Lernen und Anschauung.

Text: Raimund Wolf

Montagskreis - Wochenfeier - Besinnungskreis

Wenn Sie in die Suchmaschine des Internets „Google" den Begriff Morgenkreis eingeben, bietet sie Ihnen zehn Treffer zu diesem Stichwort an, zusammengefasst in drei Bereiche:

- Morgenkreis in Kindertageseinrichtungen
- Morgenkreis in Schulen
- Morgenkreis nach dem „Marchtaler Plan".

Sie können da lesen von Montagskreis, Wocheneröffnungsfeier, Beziehungskreis, Themenmorgenkreis, Gemeinschaftskreis, offenem und geschlossenem Morgenkreis, Geburtstagskreis, Besinnungskreis, Gesprächskreis.

Gemeinsames drückt sich in allen Beschreibungen so aus:

- Die Form der Versammlung ist der Stuhlkreis. Alle Teilnehmer treffen sich im Kreis, d.h. jeder ist mit seiner Individualität da, jeder kann jeden sehen, es gibt kein hinten und kein vorne. Jeder ist im Kreis aufgehoben.
- Der Morgenkreis ist eine Weise sozialen Lernens, in der das Kind in der Mitte steht mit seinem Bedürfnis sich mitzuteilen, zu erzählen und zu fragen. Es kann Probleme einbringen und gemeinsame Lösungen finden. Im Mit-

einander wird die Verbindung zwischen Schule / Kindergarten und Leben durch den Austausch von Erfahrungen und Erlebnissen hergestellt.

- Im schulischen Bereich wird der starre Stundentakt überwunden, die engen Grenzen des auf Fächer, Klassen und Jahrgänge fixierten Lernens werden zeitweise aufgehoben.
- Der „Arbeit des Herzens“ wird eindeutig der Vorrang gegeben gegenüber der „Arbeit des Kopfes“, der Leistungsdruck wird ausgeschlossen.
- Es gibt klare Strukturen, Regeln als Hilfe, um besser zuhören, miteinander reden, aufeinander eingehen, voneinander lernen zu können. Aktive Kommunikation, Interaktion und Handlungsbezogenheit werden gefördert.
- Dazu gehört eine gewisse Konstanz ohne Beliebigkeit oder Abhängigkeit von der Lust und Laune des Leiters / der Leiterin (=L).
- Das Hauptmerkmal des Morgenkreises ist Ruhe und Stille. Den Kindern und Jugendlichen muss die Möglichkeit zur Entschleunigung ihres Alltags gegeben werden.

Diese Elemente gelten vor allem für den Morgenkreis nach dem Marchtaler Plan (dies ist der Rahmenplan für die Katholischen Freien Schulen und dient der Verwirklichung ihrer Zielsetzungen im Sinne der Grundordnung).
Vier Säulen prägen die pädagogische Konzeption einer Marchtaler-Plan-Schule: 1. Morgenkreis, 2. freie Stillarbeit, 3. vernetzter, integrierter Unterricht, 4. Fachunterricht.

„Der Morgenkreis eröffnet die Schulwoche, er ist frei von herkömmlichen unterrichtlichen Zielsetzungen. Morgenkreise lassen zu, was auf Grund des Lehrplanes oft zu kurz kommen muss: die zwischenmenschlichen Beziehungen. Seine Elemente versuchen eine ‚eigenständige Schulkultur‘ hervorzubringen. Im Mittelpunkt stehen Anschauung und Besinnung, Hören und Sehen, Wahrnehmen und ‚Stillewerden‘. Sammlung und Konzentration führen zu sich selbst, zum anderen und öffnen Wege zu Gott. Sie schaffen eine Atmosphäre, sie machen das Herz empfänglich für den Glauben und die Werte und regen an zu Kreativität und Spontaneität. Inhalte des Morgenkreises umfassen biblische Erzählungen, religiöses Tun, die Feste des Kirchenjahres, ethische Fragen, Übungen der Stille und Möglichkeiten der Selbstdarstellung der Kinder.“ (aus: Homepage der Katholischen Privatschulen - Marchtalpädagogik in der Erzdiözese Salzburg / Der Morgenkreis)

Genau diese Idee des Morgenkreises hat mich in meiner beruflichen Tätigkeit als Lehrer immer wieder angesprochen, herausgefordert. Drei wichtige Erfahrungen haben mich dann bewogen, zur Gestaltung dieses Heftes Ja zu sagen.

Der Morgenkreis in der Schule

Die erste Erfahrung machte ich als Religionslehrer an einer Grundschule: Zum Einstieg in einen neuen Themenkreis begann ich meist mit einer „Anschauung“ im Sinne der „ganzheitlichen, sinnorientierten Pädagogik“, und das sichtbare Ergebnis – ein Bodenbild – beeindruckte nicht nur die Kinder, sondern auch die KlassenlehrerInnen, die immer wieder darum baten, Impulse aus diesem Einstieg für ihren Morgenbeginn in der Klasse zu erhalten.

»Atemholen für den Leib, die Seele und den Geist

Sie sahen vor allem den sozialen Aspekt der Beziehungspädagogik und wollten diesen für ihren Morgenkreis nützen. Das Problem war - der zeitliche Rahmen sollte 30 Minuten nicht übersteigen.

Morgenfeiern mit Jugendlichen

Die zweite Erfahrung stammt aus meiner Dozententätigkeit an der Bildungsanstalt für Kindergartenpädagogik in Innsbruck: Feiern für die ganze Schulgemeinschaft am Montagmorgen in der Adventszeit, Morgenimpulse in der Fastenzeit, kurze Feiern mit SchülerInnen im Alter von 14 bis 19 Jahren. Dazu entwickelten sich gemeinsame Feiern der Jugendlichen mit Kindern aus dem Übungskindergarten. Sie wurden zu einer Art ganzheitlichem Morgenritual um ein Bodenbild.

Als besonders gut empfunden wurde dabei der Ortswechsel aus den Klassenräumen der Schule und den Gruppenräumen des Kindergartens in den großen Festsaal, der Sitzkreis, auch wenn manchmal Doppelkreise notwendig waren und die Entschleunigung des Unterrichtsalltags.

Viele Studierende haben durch diese Form zum Weg der „Religionspädagogischen Praxis“ gefunden und für ihre Kindergartengruppen ähnliche Morgenrituale gestaltet. Das Problem war wiederum - der zeitliche Rahmen sollte 30 bis 40 Minuten nicht überschreiten.

Liturgische Morgenfeiern mit Kindern und Eltern

Die dritte Erfahrung kommt aus meiner Tätigkeit in der Kinderliturgie: Diesmal waren der enge Raum und die Zeitvorgabe bestimmend – zehn Minuten für ein sog. Kinderelement im Gemeindegottesdienst, maximal 30 Minuten für einen Wortgottesdienst mit Kindern wie z.B. die Kindermette.

Diese Vorgaben erforderten, dass die Grundstruktur im Bodenbild bereits im Gottesdienstraum vorlag und Ausgangspunkt für ein kurzes ganzheitliches Erleben wurde. Ein Eintrittszeichen als persönlichen Beitrag der Kinder, eine Erzählung zum Bild und ein Lied, das die Kinder in Bewegung brachte, prägten die Struktur dieser Weise der „Anschauung".

Die Struktur des Morgenkreises

Die wiedererkennbare Struktur zog sich durch alle Morgenkreise der verschiedenen Alters- und Zielgruppen. Sie gab den Teilnehmenden das Gefühl, in ein Geschehen einzutreten, das ihnen nicht völlig fremd und doch immer wieder mit neuen Inhalten gefüllt war.
Gemeinsam war allen drei Formen von Morgenkreisen:

- die Gestaltung des Schauplatzes oder der sog. Bühne für eine Geschichte oder eine Bibelstelle
- das gemeinsame Tun – leibhaft und gestaltend
- kurze Gespräche und
- Momente der Stille.

Eines erlebten Kinder, Jugendliche und Erwachsene bei den morgendlichen Feiern immer wieder: Sie waren ein Atemholen für die Seele.

In der Stille des Morgens

So ein Atemholen war für mich meine berufliche Auszeit im Land Israel und dort speziell das Innehalten am Morgen, in der Stille des morgendlichen Betens und im Lesen der Hl. Schrift vor Ort, sozusagen an den Originalschauplätzen.

Es war, als ob das Land, die Stadt, die Wüste und der Mensch nochmals tief Atem holten, bevor die Hitze des Tages mir und dem Land fast den Atem nahm. Dieses Atemholen nährte meine Begeisterung – ob am See Genesaret, in Jerusalem oder in der Wüste – für das Heilige Land zusätzlich. Viele Studierende, Lehrer und Lehrerinnen haben mit mir dort die Orte der Hl. Schrift erlebt und begannen in ihrem Religionsunterricht neben Dias und Bildern, Orte im Bodenbild anschaulich und greifbar zu gestalten. Ende Juni 2008 war ich mit Absolventinnen des Akademielehrgangs „Religionspädagogische Praxis im Unterricht" wiederum dort. Einige Fotos auf den nachfolgenden Seiten stammen von dieser Reise.

»Den Puls des eigenen Herzens fühlen. Ruhe im Inneren, Ruhe im Äußeren. Wieder Atem holen lernen, das ist es!
Christian Morgenstern

Schauen und betrachten

Die Bilder und Texte unseres Tiroler Altbischofs Dr. Reinhold Stecher, die mich in der Auszeit in Israel – und natürlich auch daheim – begleiteten und mir halfen, immer wieder neu aufzutanken, Atem zu holen und die Seele nachkommen zu lassen, laden auch Kinder, Jugendliche und Erwachsene ein, innezuhalten im Betrachten und Schauen. Die ausgewählten Bilder – im vorliegenden Heft und in der dazu erhältlichen Bildermappe – möchten in meditativer Weise „Tankstellen" sein, die die Themen der vorgestellten Morgenkreise aufgreifen, verdichten und vertiefen.

An dieser Stelle sage ich Herrn Altbischof Dr. Reinhold Stecher Dank, dass wir seine Bilder verwenden dürfen und so einem weiten Kreis von KindergartenpädagogInnen, ReligionslehrerInnen, Kindern und Jugendlichen zugänglich machen können. Eine methodisch didaktische Anleitung soll helfen, die Bilder auch im Unterricht und im Kindergarten einzusetzen.

Die Aquarelle von Bischof Stecher sind als Bildermappe mit 8 Bildern und Betrachtungstexten von Hanni Neubauer beim RPA-Verlag erhältlich.

Zum Aufbau der Einheiten in diesem Heft

- „Geografische Einführungen" lassen den See Genesaret, seine Umgebung und die Stadt Jerusalem anschaulich werden.
- Um den See und die Landschaft, in die er eingebettet ist, ranken sich mehr oder weniger die Themen der einzelnen Morgenkreise.
- Die Vorschläge sind auf ca. 30 Minuten angelegt. Sie können leicht erweitert, intensiviert und für ältere Kinder oder Jugendliche zusammengelegt werden. Auch der Einsatz im Bibelkreis mit Erwachsenen ist denkbar.
- Für den Einsatz in der Grundschule finden sich am Ende jedes Morgenkreises weiterführende Möglichkeiten in den Folgestunden mit klassischen Methoden des Religionsunterrichtes (Lehrer-Schülergespräch, Gruppenarbeit, Tafelbild, Hefteintrag).

See Genesaret Tabgha-Dalmanuta

Jerusalem mit Felsendom und Grabeskirche (im Hintergrund) vom Ölberg aus gesehen

Der See Genesaret

Ein besonderer, biblischer Ort

Die folgende Einheit stellt eine Art „geografische Einführung“ dar, denn äußere Bilder prägen innere Bilder. Sie stellt den See Genesaret in seiner Gestalt und in seiner Wirkkraft innerhalb vieler biblischer Geschichten in den Mittelpunkt. Die Betrachtung des Sees soll zu dem hinführen, was manche Exegeten „das 5. Evangelium“ nennen. Sie meinen damit die Landschaft, die Wege und Schluchten, die Berge und Seen, die Flora und die Fauna, in der Jesus lebte. Ignatius v. Loyola spricht vom Schauplatz – den Jesus selbst erlebte, und der biblische Erzählungen lebendiger, griffiger, bildhafter erleben lässt. Die folgende Anschauung kann als eigenständiges Erlebnis und zugleich als Basis für weitere Morgenkreise verwendet werden.

Text: Raimund Wolf

Einführende Gedanken

Wer schon einmal, wie ich, so oft von der Kuppe des Eremoshügel – für viele ist der biblische Begriff „Berg der Seligpreisungen“ geläufiger – oder von einer Höhle kurz unterhalb dieser Kuppe über die Weite des Sees geblickt hat, wer am Ufer des Sees entlang gewandert ist oder gar in einem einfachen Boot über den See gefahren ist, der wird mit Bildern heimkehren:

Religionslehrerinnen und Erzieherinnen im Land Jesu – im „Jesus-Boot“ auf dem See Genesaret

- mit Bildern von Blumen des Feldes und Vögeln des Himmels,
- von fruchtbaren Äckern,
- mit Bildern von Fischern in ihren Booten und mit ihren Netzen,

- mit Bildern von Quellen, die sich in den See ergießen,
- vom Jordanfluss, der überquert wird,
- mit Bildern vom Licht, das sich bei Sonnenaufgang über den Hügeln ausbreitet und
- mit Bildern von Dörfern und Städten, auch wenn sie mitunter heute nur mehr Ruinen sind.

Daheim werden beim Lesen vieler Schriftstellen diese Bilder wiederkehren und es wird uns leichter fallen, die Erzählungen über Jesus, seine Gleichnisse, seine Begegnungen besser zu verstehen.
Wir werden uns angesprochen, gerufen, ja vielleicht sogar berufen fühlen, von ihm zu erzählen.

Erlebnisgestalt

Wir versammeln uns zum Kreis

- Ein Seil läuft von einem zum anderen, verbindet uns, bringt uns näher zusammen.
- Wir verknoten das Seil zu einem Kreis, halten es bewusst gemeinsam und wünschen uns einen guten Morgen.

Wir begegnen dem Thema „See“

- Wir legen den Seilkreis in der Mitte ab. Der Leiter (L) legt die ausgeschnittene Form des Sees Genesaret in die Kreismitte. Die Vorlage dazu finden Sie auf S. 18. Sie soll sich freilich hier nur auf den Umriss beschränken, siehe nebenstehendes Bild. Sie kann beliebig vergrößert werden und sollte auf blaues Ton- oder Plakatpapier kopiert werden.
- Der Auftrag an eine Gruppe von SchülerInnen lautet: Formt unseren Seilkreis nach der Vorlage in der Mitte um. Im Kindergarten wird dies von der Erzieherin vollzogen. Ein neues Gebilde entsteht.

Die Kinder gestalten mit einem langen Seil die Umrisse des Sees Genesaret nach der Vorlage in der Mitte

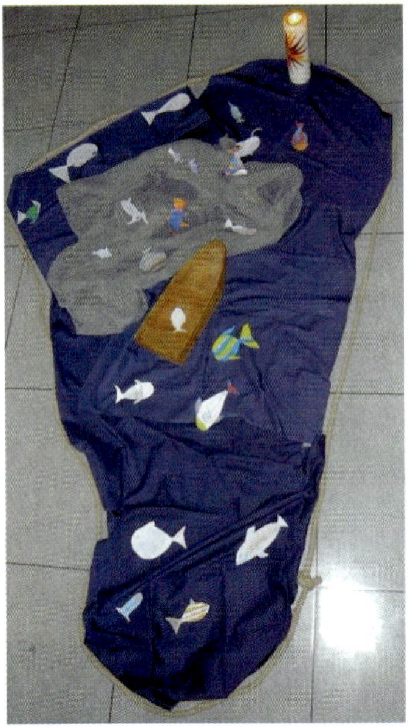

Der See Genesaret – gestaltet von einer 4. Klasse

- Paarweise legen die Kinder den Seilumriss mit blauen Tüchern aus.

  – Wohin führt dich die blaue Farbe?

  – Welche Bilder kommen in deine Erinnerung?

- Sie sprechen ihre Vorstellungen und inneren Bilder aus z.B. Himmel, Teich, See ...
- L fasst zusammen, deutet das Bild auf einen See hin, gibt ihm den Namen „See Genesaret".
- Die Kinder schließen kurz die Augen und träumen zu leiser Musik auf dem Glockenspiel von einem großen See.
- Jüngere Kinder spielen die Wellen, mal still und sanft, mal bewegt und stürmisch und beleben den See mit Fischen und Booten, gestalten diese mit Legematerial und weiteren Tüchern.

Wir verbinden den See mit Jesus

Der große See Genesaret, von dem wir jetzt ein Bild vor uns sehen, ist ein wichtiger, zentraler Ort im Leben Jesu. Dort ist Jesus vielen Menschen begegnet und hat sie geheilt. Viele Gespräche hat er am See geführt. Die meiste Zeit seines Lebens hat er in dieser Gegend verbracht. Fast drei Jahre lang, so steht es in der Bibel, lebte er direkt am See. Der Ort Kafarnaum wird in der Hl. Schrift als „seine Stadt" bezeichnet.

- Wir entzünden eine große Kerze. Sie begleitet die Erzählungen von Jesus, der für die Menschen Licht in die Welt gebracht hat. Er ist es, von dem wir im Glaubensbekenntnis beten: Gott von Gott, Licht vom Licht.
- Die Kerze wird im Kreis weitergereicht und schließlich im Bild am Ufer abgestellt.

- Wir singen dabei:

Text und Melodie:
Franz Kett

oder

Eines Tages kam einer mit einem großen, weiten, weiten Herzen, einem Herzen voller Liebe, einem Herzen voller Leben (Text: Franz Kett)
Melodie: „Eines Tages kam einer, der hatte einen Zauber in seiner Stimme" s. S. 50 (aus: Du wirst ein Segen sein – Neue Lieder für Gottesdienst und Gemeinde; Text: Alois Albrecht, Musik: Peter Janssens)

Erzähltext

- Wir begleiten Jesus vorstellungsmäßig an den See Genesaret. Als Text vermag uns anzuleiten:

– Es ist Morgen. Der See liegt ruhig und still vor uns. Die Nebel sind verdunstet. Die Sonne schickt ihr goldenes Licht über das Wasser. Es glänzt und gleißt. Jesus steht am Ufer des Sees. Sein Herz ist erfüllt von großer Freude und Dankbarkeit. Er betet Verse eines alten Gebetes, eines Psalms.

Wie wunderbar sind deine Werke, Herr.
In Weisheit hast du sie geschaffen.

Den Himmel hast du ausgespannt
wie ein großes Zelt,
darunter dürfen wir wohnen.

Die Sonne, der Mond, die vielen Sterne,
wer kann zählen, was du hast geschaffen.

Im See und im Meer wimmeln die Fische.
Du kennst sie alle und freust dich an ihnen.

» Die Schönheit der Schöpfung kommt vom Schöpfer, nicht von den Geschöpfen.
© Elmar Gruber

- Jesus sieht die Fischer heimkehren. Sie ziehen in Netzen ans Land, was ihnen der See geschenkt hat.
  Von Wind und Wetter gebräunt, abgehärtet sind sie diese Männer. Jesus kennt ihre Namen: Simon, Andreas, Jakobus und Johannes. Die beiden letzteren sind Söhne des Zebedäus. Jesus wird sie ansprechen, ob sie nicht seine Freunde, Jünger werden wollen.
- Vielleicht bittet Jesus einen der Fischer, er möge ihn hinausrudern auf den See. Außer dem leisen Schlagen der Wellen ans Boot ist es ganz ruhig draußen auf dem See. Jesus liebt es, immer wieder, fernab dem Getriebe der Menschen, in der Stille zu sein. Er denkt nach über sich selbst, über Gott, den er Vater nennt, über die Menschen. Vielen steht das Wasser bis zum Halse. Viele sind krank an Leib und Seele. Er will ihnen Heilung bringen, sie aus Allem retten, was sie verschlingt und untergehen lässt.
- Wir kehren mit Jesus zurück ans Land. Wir spüren festen Boden unter den Füßen. Auch unser Tagwerk beginnt, der Unterricht der Schule.

Gebet

Jesus, begleite uns heute.
Geh mit uns durch den Tag, die Woche.
Du unser Freund und Bruder. Amen.

Wir lassen Gehörtes, Geschautes, Erlebtes nachklingen

- Wir falten ein braunes Rhythmiktuch zu einem Boot.
- Wir stellen die Jesuskerze ins Boot.
- Wir fertigen Namenskärtchen oder mit Schnüren Silhouetten von uns selbst an und legen diese zur Jesuskerze ins Boot.

Material

Ein langes Seil (ca. 6-8 m); ausgeschnittene Vorlage des Sees Genesaret (siehe S. 18); blaue Tücher; Glockenspiel; evtl. Legematerial für Boote und Fische; Kerze; Schnüre, Wollfäden oder Fischernetz; Legematerial für Netz; evtl. Fische zum Bemalen

Die Landschaft um den See Genesaret

Schauplatz biblischer Erzählungen

Die den See Genesaret umgebende Landschaft wird Inhalt einer weiteren Erzählgestalt. Die Kinder werden mit einem Hauptschauplatz des Wirkens Jesu vertraut. Vor unseren Augen entstehen Hügel und Täler, Flüsse und Wege, Dörfer und Städte. Die SchülerInnen lernen dabei die dazugehörigen Namen kennen, die in den biblischen Erzählungen vorkommen, die aber auch noch heute im Sprachgebrauch des Landes geläufig sind: Jordan, sieben Quellen, Eremoshügel, Arbelgebirge und Golanhöhen, Tiberias, Tabgha und Kafarnaum an der alten ‚Via maris'.

Text: Raimund Wolf

Einführende Gedanken

Besucher, die bei einer Seeumrundung für Teilstrecken den Bus verlassen und zu Fuß gehen, erleben Landschaft, Natur, Tier- und Pflanzenwelt intensiver, können an einem Platz verweilen und den Atem des Landes verspüren. Die Bilder bekannter biblischer Schriftstellen bekommen Konturen, werden zu inneren Bildern. Die Steine von Ausgrabungsstellen erzählen von der Geschichte aus der Zeit Jesu, von der Begegnung von Menschen mit diesem Jesus aus Nazaret.

Indem wir Kindern über einen Gestaltungsvorgang den See und die ihn umgebende Landschaft lebendig und sichtbar werden lassen, vermitteln wir ihnen Bilder, die sie abrufen können, wenn in bestimmten Jesusgeschichten davon die Rede ist.

Blick vom Berg der Seligpreisungen

Erlebnisgestalt

Wir versammeln uns zum Kreis

- Wir versammeln uns auf Stühlen um den See.
- Wir umrunden mit der Hand, den Augen das Bild.
- Wir verbinden uns über unsere Hände und wünschen uns einen guten Morgen.

Wir begegnen dem See

Es geschieht dies in der Weise einer geführten Traumreise.

- Wir schließen die Augen.
  Wir atmen in Ruhe ein und aus.
  Unser Atem kommt und geht.
  Unser Atem ist vergleichbar
  mit den Wellen des Sees.
  Sie kräuseln sich – verflachen wieder.
- L lässt ein Windspiel, eine Erzählharfe erklingen und weckt Vorstellungen vom See.

Sonnenaufgang über dem See Genesaret

Vielleicht kannst du das Blau des Sees sehen.
Vielleicht kannst du die Sonne schauen, die aufgegangen ist, die strahlend über dem See steht, die sich golden im Wasser spiegelt.
Vielleicht erkennst du draußen auf dem Wasser ein Fischerboot.

Zwei Männer haben ein Netz ausgeworfen.
Sie sitzen still im Boot.
Sie hoffen auf einen guten Fang.
Versuche jetzt, dir das Ufer des Sees vorzustellen! Er ist von Hügeln umgeben.
Manche sind begrünt, andere kahl und steinig.

Am Ufer des Sees gibt es Gras. Es wachsen Bäume. Es weiden Schafe. Du findest auch Ansiedlungen, Städte am See.
Was du dir vorgestellt hast, wollen wir genauer betrachten.
Wir wollen es ins Bild bringen, ein Bild davon gestalten.
Atme nochmals tief ein – aus!
Öffne die Augen!
Streck dich und reck dich!

Wir erweitern den See „Genesaret" mit der Landschaft, die ihn umgibt

- L ruft einzelne SchülerInnen mit ihrem Namen ans Ufer. Auf ein Startzeichen, z.B. einen Triangelton hin umwandert der Gerufene den See. Er kann sich auch einen Begleiter wählen und sich von ihm führen lassen.
- Wir gestalten mit Schnüren, gefilzten Seilen oder auch braunen Tüchern den Weg nach, machen ihn so sichtbar, geben dem Wegteil am Nordufer den Namen ‚Via maris'.
- Bei weiteren Umgängen wird das Gehen durch ein Tonzeichen – Zimbel oder Triangel – immer wieder gestoppt.
  L gibt den Impuls:
  Hört, was an dieser Stelle des Sees bedeutsam ist!

L erzählt von einem Hügel, einem Berg, dem Fluss, einer Stadt usw., die dann mit entsprechend farbigen Tüchern und Legematerial gestaltet werden. Es entstehen im Umgehen und im Gestalten nach und nach einzelne Landschaftselemente:

- Hier oben fließt ein Fluss mit Namen Jordan in den See. Dort unten fließt er wieder heraus. Wir legen blaue Bänder an die entsprechenden Stellen.
- Hier erheben sich grün bewachsene Hügel. Einer davon heißt Eremos oder Berg der Seligpreisungen. Wir gestalten mit grünen Tüchern am Nordrand des Sees, nahe der Straße, die Hügel des galiläischen Berglandes.

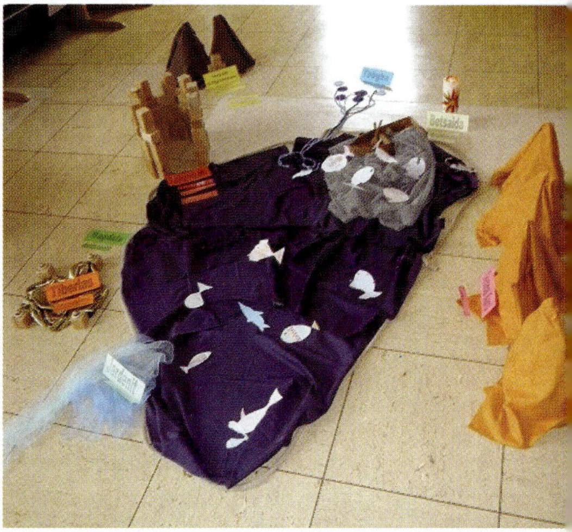

See Genesaret und die ihn umgebende Landschaft gestaltet von einer 4. Klasse

– Unterhalb der Hügel entspringen sieben Quellen. Ihr Wasser fließt in den See. Wir nennen deshalb dieses Gebiet Siebenquell (Tabgha). Mit blauen Filzstückchen zeigen wir diese Quellen an. Blaue Schnüre machen das Hineinfließen in den See sichtbar.

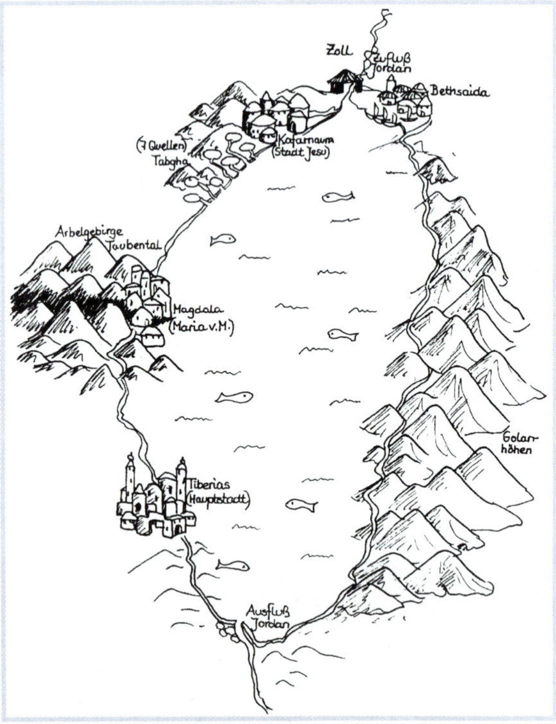

– Hier fallen die steilen Felswände des Arbelgebirges ins Taubental hinab. Wir stellen mit grauen Rhythmiktüchern die Felsberge dar, lassen eine Schlucht entstehen.

– Von hier unten bis ganz oben, dem ganzen Ostufer entlang erstrecken sich die Golanhöhen. Kinder stellen mit ockerfarbenen Tüchern den bekannten Höhenzug ins Bild.

– Schließlich gibt es ganz wichtige Orte am See: Kafarnaum mit seiner prächtigen Synagoge; das Fischerdorf Betsaida; die Stadt Magdala (ein großer Ort, wo die Fische verarbeitet wurden); Tiberias, die Hauptstadt des Königs. Die Orte finden mittels Tüchern und Bauklötzen ihre Gestaltung.

Wir verbinden die Landschaft mit Jesus

- Wir versammeln uns um das erweiterte Landschaftsbild, überblicken es nochmals.
- Einige Steine, am Ausfluss des Jordans aus dem See Genesaret abgelegt, markieren den Ort, von dem wir im Folgenden hören.
- Die Jesuskerze wird entzündet. Sie wandert im Kreis. Wir begrüßen sie mit dem Lied „Zündet an das helle Licht“ bzw. „Eines Tages kam einer“, s. S. 13.
- Die Kerze findet am markierten Ort Platz.

Erzählung – Lesung (aus Texten bei Matthäus und Markus)
Draußen am Jordanfluss lebte Johannes, ein Prophet Gottes. Viele Menschen kamen zu ihm. Er redete den Leuten ins Gewissen. „Kehret um, sprach er, denn nahe ist das Reich Gottes.“ (Mt 3,2) „Viele ließen sich von ihm im Jordan taufen und bekannten ihre Sünden.“ (Mt 3,6)
„Da kam auch Jesus aus Galiläa her an den Jordan zu Johannes, um sich von ihm taufen zu lassen. Johannes wollte ihn hindern und sagte: Ich hätte es nötig, von dir getauft zu werden – und du kommst zu mir?
Aber Jesus entgegnete ihm: Lass es jetzt geschehen! Denn es ziemt sich für uns alle, alle Gerechtigkeit zu erfüllen. Da ließ er es zu.
Als Jesus getauft war, stieg er sogleich aus dem Wasser. Da tat sich ihm der Himmel auf; er sah den Geist Gottes wie eine Taube herniederschweben und über ihn kommen, und eine Stimme vom Himmel rief: Dies ist mein Sohn, der geliebte, an dem ich Wohlgefallen habe.“ (Mt 3,13 – 17)

„Nach seiner Taufe führte Gottes Geist Jesus in die Wüste. Vierzig Tage blieb er dort, um zu fasten, zu beten, über seine Aufgabe nachzudenken. Dann kehrte er nach Galiläa zurück. Er wanderte am See entlang, durchzog dort die Städte und Dörfer und verkündete die frohe Botschaft:
Die Zeit ist erfüllt, nahe gekommen ist das Reich Gottes.
Bekehret euch und glaubt an die Frohe Botschaft.“ (Mk 1,15)

Text und Melodie:
Franz Kett

Vor-, Zwischen-, Nachspiel, evtl. auch gesungen auf lala.

2) Sie machen auf die Augen und schauen Jesus an.
Sie sehen, in dem Jesus, da schaut Gott selbst uns an.

3) Sie machen auf die Ohren und hören Jesus an.
Sie hören, in dem Jesus, da spricht ein Gottesmann.

Gebet

Jesus!
Mache unser Herz bereit für dich
und deine frohe Botschaft. Amen.

Wir lassen Gehörtes, Geschautes, Erlebtes nachklingen

Wir gestalten – jeder für sich – mit Schnüren, Seilen, Chiffontüchern Tore als Sinnbilder für unser Offensein für Jesus und seine Botschaft. In die Tore legen wir ein Zeichen für Jesus.

Material

Zusätzlich zum Bild von der 1. Erlebnisgestalt: Seile, hell- und dunkelbraune, graue und grüne Tücher; zwei blaue Bänder für den Jordan; sieben blaue Schnüre und Filzfleckchen für die Quellen; Tücher und Bauklötze für die Häuser und Dörfer; Erzählharfe oder Windspiel; Kerze und Gestaltungsmaterial für die eigenen Bilder

Möglichkeiten für Folgestunden im Religionsunterricht

Blick vom Berg der Seligpreisungen zum Arbelgebirge und zum Taubental

- Die SchülerInnen erhalten eine Skizze vom See als Vorlage für das Heft. Sie malen den See blau an, ziehen die Wege / Straßen rot nach, bezeichnen wichtige Hügel, vermerken die Orte mit Namen. Wir gestalten am Ort der Berufung der ersten vier Jünger ein Boot und ein Fischernetz.
- An Hand einer Karte / eines Atlas suchen wir gemeinsam die Flüsse, die Orte, die Berge, die Wege. Wir überprüfen unsere Skizze.

- Dias – vielleicht sogar von einer eigenen Reise ins Heilige Land – Bilder, Fotos, Reiseprospekte stellen den Bezug zu den Orten heute dar, machen das „5. Evangelium“ noch anschaulicher. Entsprechendes Bildmaterial, vielfach in Klassenstärke, ist in israelischen Reise-Verkehrsbüros erhältlich, z.B. in Wien Tel.: 0043-1-3108174.

Unsere Landschaft als Ausgangspunkt für weitere Morgenkreise

Unser Landschaftsbild, einmal erarbeitet, wird Grundbild für weitere Morgenkreise, die das Wirken Jesu am See Genesaret und in Galiläa zum Inhalt haben.

Es seien genannt:
- Die Berufung der ersten Jünger (Mk 1,16-20)
- Die Heilung eines Mannes mit unreinem Geist in der Synagoge von Kafarnaum (Mk 1,21-28)
- Die Heilung der Schwiegermutter des Simon und Andreas, gleichfalls in Kafarnaum (Mk 1,29-33)
- Die Heilung des Gelähmten, ebenfalls in Kafarnaum (Mk 2,1-12)
- Die Heilung des Besessenen von Gerasa (Mk 5,1-20)
- Die Erweckung der Tochter des Jairus (Mk 5,21-43)
- Jesus wandelt über den See (Mk 6,45-56)
- Die Heilung des Blinden von Bethsaida (Mk 8,22-26)
- Die Stillung des Seesturms (Lk 8, 22-25)

Die Kinder versammeln sich jeweils um das für den Morgenkreis vorbereitete Bild. Sie werden angehalten, sich mittels einer Traumreise zurück zu erinnern. Wir fliegen dabei in einem Heißluftballon oder mit einem Adler über den See und schauen auf die Landschaft hinab, holen so ihre Eigenheit und ihre Einzelheiten ins Bewusstsein.

Praxismodelle

Die Berufung der ersten Jünger am See

Sie verließen ihre Netze und folgten ihm

Als Jesus am See von Galiläa entlangging, sah er zwei Brüder, Simon, genannt Petrus, und seinen Bruder Andreas; sie warfen gerade ihr Netz in den See, denn sie waren Fischer. Da sagte er zu ihnen: Kommt her, folgt mir nach! Ich werde euch zu Menschenfischern machen. Sofort ließen sie ihre Netze liegen und folgten ihm. Im Weitergehen sah er zwei andere Brüder: Jakobus, den Sohn des Zebedäus und seinen Bruder Johannes, wie sie gerade mit ihrem Vater Zebedäus im Boote ihre Netze herrichteten. Er rief sie, und sogleich verließen sie das Boot, ihren Vater und folgten ihm. (Mt 4,18-21)

„Wer aufbricht, kommt auch heim!“
Dieser Titel eines Buches über den Jakobsweg bündelt das Wesentliche des obigen Abschnittes aus dem Matthäusevangelium: Männer brechen auf, gehen mit Jesus, sehen und erleben ihn und sein Leben und finden ein Zuhause bei ihm. Sie werden seine Freunde, Jünger, Zeugen.
Die folgende Anschauung soll helfen, die Berufung der ersten Jünger durch Jesus auch als persönliche Berufung zu erspüren.

Text: Raimund Wolf

Einführende Gedanken

Wenn du dem See Genesaret entlanggehen, die Landschaft durchwandern willst, musst du Zeit haben. So eröffnen sich dir dann besondere Bilder und Perspektiven. Du kannst stehen bleiben und schauen,

- wie ein Boot über den See gleitet,
- ein Reiher über das Wasser fliegt,
- ein Fischer sein Netz auswirft,
- der Bauer seinen Acker bestellt,
- der Hirte seine Schafe begleitet,

- die Hausfrau ihre Wäsche aufhängt.
- Du kannst einen Stein vom Ufer aufheben,
- eine leuchtende Blume pflücken.

Sonnenaufgang am See Genesaret

Liest du dann die Evangelien, verstehst du, wie die Menschen zur Zeit Jesu in sein Blickfeld gerieten, Jesus ihnen ganz nahe kommt. Er sieht, wie sie leben. Er schaut ihnen bei der Arbeit zu. Er spürt auf diese Weise, dass sie suchen, fragen, neugierig sind und er spricht sie an: „Ich brauche dich! Geh mit mir mit! Die so Angesprochenen stellen sich dem Ruf, entscheiden sich und brechen auf. Wir suchen mit Kindern im Morgenkreis solchen Entscheidungen nachzugehen – im Gehen, Nachgehen, im Mitgehen, im Nachschauen. Vielleicht verspüren sie dabei im eigenen Herzen den Anruf Jesu: „Komm und sieh! Komm, geh mit mir! Ich brauche dich."

Erlebnisgestalt

Wir versammeln uns um das Bodenbild – treten miteinander in Beziehung

- L hat den See, sein Umfeld vorbereitend gestaltet. Es wurde platzmäßig darauf geachtet, dass der See umrundet werden kann.
- Ein/e SchülerIn wird mit Vornamen an den See gerufen und aufgefordert, den See zu umrunden.
- Diese/r ruft gleichfalls ein Kind, dass es mitgeht.

Der See Geneseret und die ihn umgebene Landschaft

- Zwei weitere Kinder werden zum Mitkommen aufgefordert. Während des Gehens sagt L: Bleibt ruhig zwischendurch einmal stehen! Schaut euch um! Welchen Ort erkennt ihr noch?
- Wir begleiten die Kinder bei ihrem Gehen um den See mit dem Lied:

Text: Franz Kett
Melodie: "Spannenlanger Hansl"

- Unsere Augen begleiten die Gehenden, nehmen die Landschaft wahr. Das hilft, sich zu erinnern. Vielleicht fallen uns die entsprechenden Orte ein.

Erzählung

Die Erzählung wird von symbolisierendem Handeln begleitet. Sie ist ganzheitlicher Art. Das heißt, im Gehen um das Bodenbild, im Schauen der Landschaft, im Stehen bleiben und Verweilen, im Hören der Erzählung, wird die Geschichte ins Hier und Jetzt geholt.

Die Kinder können etwas sehr Einfaches und doch Wesentliches erfahren, den Anruf Jesu:
„Komm, ich brauche dich!“

1. Teilerzählung

- Wir entzünden das Zeichen für Jesus, die Kerze. Sie wandert langsam und behutsam von Kind zu Kind.
- Wir begleiten dieses Ritual mit dem schon vertrauten Lied, s. S. 14.
  „Zündet an das helle Licht“ oder „Eines Tages kam einer“.

Jesus ist oft um den See Genesaret gewandert.
Eines Tages kommt er an die Stelle, wo der Jordan in den See fließt.

- Wir suchen diese Stelle im Bild.
  Das Kind, das gerade die Jesuskerze hält, stellt sie dort ab.

An dieser Stelle gab und gibt es heute noch besonders viele Fische. Der Ort nahe dieser Stelle heißt auch Betsaida. Übersetzt bedeutet dies Fischhausen. Hier trifft Jesus auf zwei Brüderpaare. Simon und Andreas heißen die einen, Johannes und Jakobus die anderen. Sie sind Fischer. Ihre Arbeit heißt, auf den See fahren, die Netze auswerfen und wieder einholen, die Fische für den Verkauf sortieren, die Netze reinigen und reparieren.

- Wir gestalten mit Schnüren Fische, legen mit Seilen ein Netz darüber.

„Lasst eure Arbeit“, spricht sie Jesus an. „Kommt und geht mit mir!“

- Wir wiederholen: Kommt und geht mit mir!

Die Fischer lassen Boote und Netze zurück. Sie gehen mit Jesus mit.

- Vier Teelichter, entzündet und zur Jesuskerze gestellt, symbolisieren diesen Akt der Nachfolge.
- In einem Liedruf greifen wir die Worte Jesu als einen an uns selbst gerichteten Appell auf:

2. Teilerzählung

An einem anderen Tag sehen wir Jesus am See, unten, da wo der Jordan wieder ausfließt.

- Die Jesuskerze wird langsam und achtsam an den entsprechenden Platz getragen.

Hier ist eine Furt, d.h. das Wasser ist seicht, sodass man gut und leicht ans andere Ufer gelangen kann.
An dieser Stelle ist immer etwas los. Als Jesus hier ankommt, gehen ihm zwei Männer nach. Sie heißen Philippus und Bartolomäus. Sie sind Freunde des Johannes, der Jesus getauft hat .
Als Jesus sie bemerkt, bleibt er stehen. Er fragt: „Was sucht ihr?" Sie antworten: „Herr, wo wohnst du?"
Jesus aber fordert sie auf: „Kommt mit und seht!"

- Wir wiederholen die Worte Jesu: Kommt mit und seht!

Ja, Philippus und Bartolomäus hören auf das Wort Jesu. Sie kommen mit. Sie begleiten von nun an Jesus. Sie werden seine Freunde.

- Zwei Teelichter, entzündet und zur Jesuskerze gestellt, symbolisieren diesen Akt der Nachfolge.

- Wir singen als Aufforderung an uns selbst:
  „Komm und folge mir", s. oben.

3. Teilerzählung

Und dann kommen wir mit Jesus in die Nähe der Stadt Kafarnaum. Dort befindet sich ein Grenzpfahl. Er trennt das Land des Königs Herodes Antipas von dem des Königs Herodes Philippus.

- Die Jesuskerze findet vor den Häusern der Stadt Kafarnaum ihren Platz.

Hier versieht ein Zöllner mit Namen Matthäus sein Amt. Jeder, der hier vorbei möchte, muss für seine Ware Steuer bezahlen, einen Zoll.

- Wir machen die Zollstelle sichtbar, indem wir eine Münze in ein Körbchen legen.

Als Jesus mit seinen Freunden an dieser Stelle vorbeikommt, schaut er dem Zöllner Matthäus fest ins Gesicht und spricht:
„Matthäus, lass das Geld sein! Komm und folge mir nach. Ich brauche dich."

Da lässt Matthäus alles liegen und stehen. Auch er folgt Jesus nach.

- Wir singen als Aufforderung Jesu an uns selbst wiederum: „Komm und folge mir", s. S. 26.

Wir lassen die Geschichte nachklingen, deuten sie für uns

- Wir entzünden drei Lichter für die drei weiteren Jünger Jesu und stellen sie um die Jesuskerze. Wir fügen auch ihre Namen, auf Namenskärtchen geschrieben, der Jesuskerze bei.
- Wer möchte, kann auch ein Zeichen für sich und ein Kärtchen mit dem eigenen Namen dazulegen. Das Hingeben des Kärtchens besagt: Seit der Taufe bin auch ich ein Freund Jesu. Jesus sagt zu mir: „Komm, geh mit mir! Lern mich immer besser kennen! Sei mein Freund! Erzähle den Menschen von mir!"
- Wir verbinden uns im Kreis und singen die Aufforderung Jesu an uns: „Komm und folge mir", s. S. 26.

Bildgestaltung: Berufung der ersten Jünger

Weiterführende Möglichkeiten in einer Folgestunde:

„Die Freunde Jesu im Bild"

- Wir gestalten mit Schnüren Figuren, legen sie um die Jesuskerze und stellen Teelichter dazu.
- Wir ergänzen die schon vorhandenen Kärtchen durch weitere fünf und schreiben auch darauf die Namen der restlichen Jünger.
- Wir kleben die Figuren mit den Jüngernamen um eine gemalte Jesuskerze auf ein Plakat und kennen so alle zwölf Apostel Jesu.
- Wichtig für mich war immer, in dieser Folgestunde auch von den Frauen, den Freundinnen Jesu zu erzählen, die ihn begleiteten und unterstützten, z.B. Maria aus Magdala, Johanna, die Frau des Finanzministers des Herodes oder Susanne, vgl. Lk 8,1-3.
- Eine weitere Möglichkeit wäre, an Hand biblischer Erzählfiguren Szenen vor Ort zu stellen.

Material

Zuzüglich zum Bild der ersten und zweiten Erlebnisgestalt Schnüre; Seile zur Darstellung von Fischen, eines Netzes; Teelichter für die Jünger und evtl. für jeden Teilnehmer Gestaltungsmaterial für Ich-Zeichen, Namenskärtchen

Ichthys – Im Zeichen des Fisches

Ein Erkennungszeichen der ersten Christen

Die folgende Einheit führt uns geologisch zu einem tiefen Graben, in dem Orte wie Jericho, der See Genesaret und das Tote Meer liegen, Orte und Landschaften am tiefsten Punkt unserer Erde. Zwischen 200 und 400 Meter unter dem Niveau der Weltmeere liegt diese Gegend.
Die Einheit möchte mit einer Gepflogenheit vertraut machen. Da kehren Menschen mit Steinen im Gepäck von ihrer Pilgerfahrt ins Heilige Land zurück. Es sind mit einem Fisch bezeichnete Steine. Im Fisch oder besser im griechischen Wort für Fisch – ICHTHYS – fanden die ersten Christen ihr Glaubensbekenntnis komprimiert wieder. Der Fisch wurde ihr Erkennungszeichen. Vielleicht vermag der Morgenkreis mit diesem ursprünglichen Symbol vertraut machen.

Text: Raimund Wolf

Einführende Gedanken

Ich sitze in Tabgha am See und schaue. Immer wieder kommen Menschen zum Strand und suchen nach kleinen, flachen, rund geschliffenen Steinen als Mitbringsel für daheim.
Ein wenig später stehe ich im Souvenirshop der Brotvermehrungskirche von Tabgha und schaue.
Zielstrebig suchen Menschen nach flachen, rund geschliffenen Steinen mit einem Fisch darauf gemalt oder eingeritzt. „Ein Mitbringsel für meine SchülerInnen", erklärt mir eine Religionslehrerin.
Was ist so wertvoll an dem Stein mit oder ohne Fisch?

- Die Erinnerung an das Land?
- Die Erinnerung an Menschen, die gemeinsam auf den Spuren der Bibel unterwegs waren?
- Die Erinnerung vor allem an IHN, an Jesus von Nazaret, der hier am See eine Zeit seines öffentlichen Lebens verbrachte?

ICHTHYS (griechisch, übersetzt heißt es Fisch)
Es fasste das Bekenntnis der ersten Christen über ihren Herrn und Gott in kürzester Form zusammen: Jesus – Christus – Gottes Sohn – Retter.

Erlebnisgestalt

Wir versammeln uns zum Kreis und erinnern uns

- Wir setzen uns um das vorbereitete Bild des Sees Genesaret.
- Fotos von der Landschaft um den See Genesaret wandern im Kreis. Sie lassen die letzte Einheit lebendig werden, erinnern uns an das Erlebte.

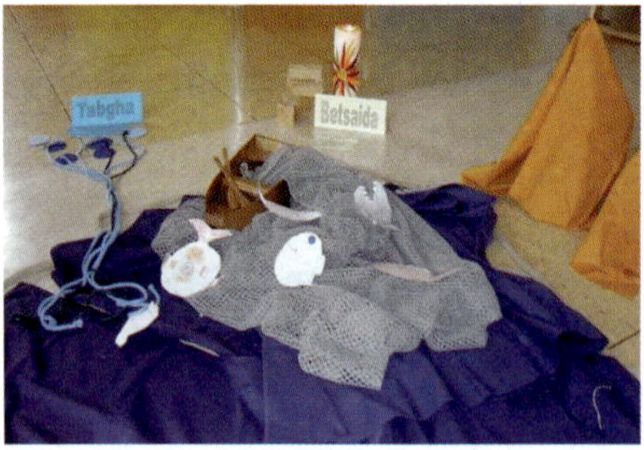

Fotos der vorangegangenen Einheit, siehe Heft Seite 23 ff

- Wir benennen die verschiedenen Orte, denken an die Berufung der ersten Freunde, wiederholen ihre Namen.
- Wir schließen die Augen und sehen den See und die Plätze um den See mit dem inneren Auge, wir erinnern uns.

Wir begegnen dem Thema „Stein"

- Wir reichen kleine glatte Flusssteine im Kreis weiter, bis jedes Kind einen Stein in der Hand hält.
- Wir spüren den Stein in unserer Hand, erwärmen ihn, schauen ihn genau an.

- Der Stein vermag uns etwas zu erzählen.
  Die Kinder sprechen aus, was jeder Stein sagen kann, z.B.: Ich bin sehr alt. Ich bin vom Wasser abgeschliffen. Ich bin schön rund. Ich habe viel erlebt.

Erzählung – 1. Teil

L verleiht seinem Stein die Stimme und erzählt:

Millionen Jahre habe ich in der Erde geschlafen.
Dann ist etwas Ungeheuerliches geschehen.
Die Erde ist aufgebrochen und hat mich – den Stein – herausgeworfen.
Der Graben, in dem ich zu Tage kam, füllte sich mit Wasser. Ein See entstand.
Tausende Jahre lag ich am Grund des Sees. Der See füllte sich mit Fischen, und später siedelten Menschen am Ufer und bauten Häuser, Dörfer und Städte.
Ich, der eckige, kantige Stein, bin mit der Zeit glatt und rund geworden und mit den Wellen immer näher ans Ufer gewandert. Manchmal lag ich in der Sonne, manchmal im Wasser – gerade so, wie es dem Spiel der Wellen gefiel. Manchmal spürte ich die Ruhe des Sees und manchmal die Gewalt der Stürme, die von den umliegenden Bergen herabkamen. So ging es viele Jahre – wer weiß wie viele? Es gab mich – den Stein – einfach und niemand wusste von mir, und ich wusste auch nicht viel von mir. Ich konnte mir nicht vorstellen, dass es je anders gewesen war.
Meine eigentliche Geschichte fing erst an, als ich eines Tages aufgehoben wurde.
Ein Mann nahm mich in die Hand, ganz behutsam. Um ihn waren Frauen, Kinder und Männer. Einige davon kannte ich. Sie waren Fischer – Fischer, die ihre Netze auf dem See auswarfen. Der Mann hatte mit mir, dem Stein gespielt, ganz leicht und dann hatte er gesagt:

„Seht diesen kleinen unscheinbaren Stein. Keiner hat ihn bisher angeschaut, keiner nahm ihn, um ihn in die Wand seines Hauses zu fügen.
Von den Bauleuten wurde er übersehen, und ihr seid auf ihn getreten, vielleicht sogar auf ihm herumgetrampelt. Aber mit so kleinen Steinen baut Gott seine neue Welt; nicht mit den großen Steinen, mit denen Paläste und Tempel gebaut werden, sondern mit diesen kleinen Steinen: Sie werden Ecksteine, die alles tragen, sie werden Schlusssteine, die alles zusammenhalten. Versteht ihr das?“

» Schwäche kann Stärke sein und Stärke Schwäche.
© Elmar Gruber

Die Kinder hatten sofort verstanden, und die Fischer hatten ungläubig genickt.
Und dann hatte der Mann hinzugefügt:
„Das neue Menschenhaus, die neue Gemeinschaft der Menschen, das Reich Gottes baue ich mit euch. Jeder von euch ist so ein kleiner Stein."

Ich, der Stein, hatte nicht weiter zugehört. Ich war in der Hand des Mannes warm geworden und die Wärme war mir durch und durch gegangen, und ich war glücklich – ich wusste nicht wie.
Dann hat mich der Mann dem See zurückgegeben und ich war über das Wasser getanzt vor Freude, ehe ich unterging und wieder bei den anderen Steinen lag.

- Wir geben unsere Steine dem See zurück, legen sie an den Seerand.

Erzählung – 2.Teil

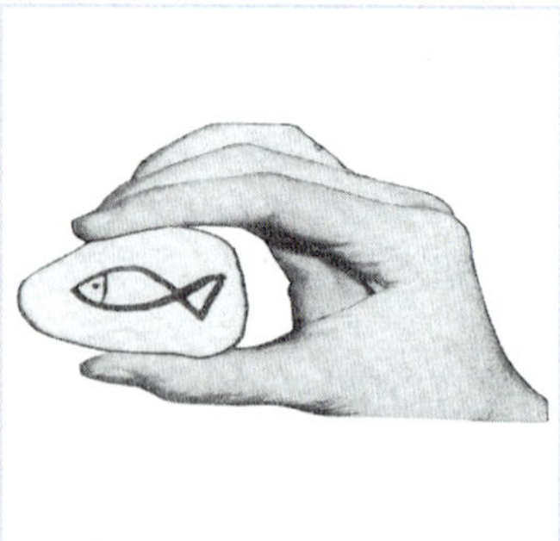

Ich habe den Mann und seine Freunde und Freundinnen nie wieder gesehen, aber vergessen habe ich ihn nicht – viele hundert Jahre nicht.

Noch einmal ging eine Veränderung mit mir vor. Eines Tages – ich war wieder mit den Wellen ans Ufer gelangt – nahm ein Mensch mich, den Stein, in die Hand und malte einen kleinen Fisch auf meine Oberfläche:

- L zeichnet ganz langsam auf seinen Stein den Fisch – sichtbar für alle Kinder.

Erzählung – 3.Teil

„Zur Erinnerung an Jesus", sagte er leise.
„Zur Erinnerung an Jesus", wiederholte ich unhörbar.
„Und ich habe ihn gesehen und in seiner Hand gelegen", flüsterte ich, der jetzt bunte Stein.

An jenem Tag, an dem mir der Fisch aufgezeichnet wurde, trat ich, der Stein, eine weite Reise an über Meere und Länder. Vielleicht triffst du mich irgendwo, den Stein mit dem Fisch – und dann erinnere dich an den See Genesaret, an Galiläa, an die Menschen, die dort leben, an deinen Lehrer, der ihn aufgehoben und dir mitgebracht hat.

Erinnere dich aber vor allem an Jesus, der mit kleinen Steinen das neue Menschenhaus baut, das Menschenhaus, zu dem DU gehörst.

„Der Stein mit dem Fisch", Autor: ein Jungscharseelsorger in der Urfassung, von Raimund Wolf für SchülerInnen adaptiert/Juli 1997

Steine in Fischform ins Bild bringen

Wir lassen das Erlebte nachklingen

- Die Kinder zeichnen mit Filzstift auf ihren Stein einen Fisch.
- Die Kinder legen ihre Steine so in den See, dass ein großer Fisch entsteht.

„ICHTHYS"

Wir deuten, was wir erlebt haben

- Ein Kind stellt die Jesuskerze in den Fisch
- L erklärt, dass die ersten Christen den Fisch als Zeichen für Jesus hatten. Bei älteren Kindern spricht L das Wort Ichthys aus, die Kinder wiederholen es.

  L deutet die Buchstaben dieses Wortes. Sie sind die Anfangsbuchstaben von
  Jesus – **CH**ristos (Christus) – **T**heos (Gott) – H**Y**os (Sohn) – **S**oter (Retter)

Gebet

Jesus,
der Stein mit dem Fisch erinnert mich an dich.
Er erinnert mich auch an die vielen „kleinen Steine",
mit denen du dein Menschenhaus bauen möchtest.
Hilf uns, ‚Bausteine' in deinem Menschenhaus zu sein.
Segne uns dazu.
Amen.

Material

Ein langes Seil; blaue Tücher; Kerze; flache Steine; Filzstifte

Weiterführende Möglichkeiten für Folgestunden

- Natürlich wäre es eine tolle Sache, von einer Reise nach Israel solche Steine vom See oder auch Steine mit aufgezeichnetem Fisch (es gibt sie in verschiedenen Läden im Heiligen Land) als Geschenk mitzubringen und verteilen zu können.
  Die Gruppe von der Studienreise im Juni 2008 hat Steine in Tabgha am See gekauft, sie beim Gottesdienst am Seeufer in Fischform ausgelegt und gesegnet mit nach Hause genommen
- Wir versuchen das Fischpuzzle richtig zusammenzustellen und finden wiederum den Namen Ichthys

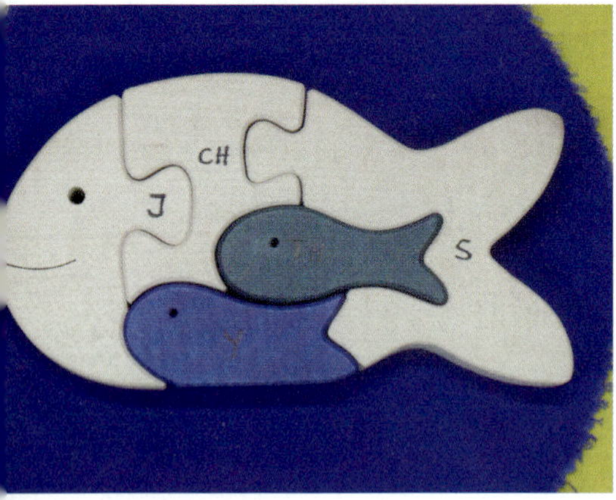

Fischpuzzle

- Wir zeichnen einen Fisch ins Heft, schreiben **Ichthys** in den Fisch und als Merksatz um den Fisch herum die Bedeutung des Namens und den Auftrag:

Jesus Christus,
du bist Gottes Sohn und unser Retter.
Wir wollen Bausteine für dein
neues Menschenhaus sein

I	Jesus	
CH	Christus	(gr. Christos)
TH	Gottes	(gr. Theos)
Y	Sohn	(gr. Hyos)
S	Retter	(gr. Soter)

Alle meine Quellen entspringen in dir

Begegnung mit dem Wasser des Lebens

Am Fuße des Berges Hermon entspringen die drei großen Quellflüsse des Jordan, der nach 320 km bei Jericho ins Tote Meer mündet. Er ist die Lebensader Israels, die den See Genesaret speist und das Hulebecken im Norden und die Jordansenke fruchtbar macht.
Am Jordan entlanggehen, an seiner Quelle Wasser schöpfen, lässt spontan den Gedanken aufkommen: Wasser ist Leben.
Gleichzeitig ist der Fluss aber auch seit der Taufe Jesu ein Bild für neues geistiges Leben: untertauchen, Altes abwaschen, neugeboren heraussteigen.
Viele Pilger nützen die Taufstellen am Fluss für eine neuerliche Taufe.
Dieses Erleben bildete den Hintergrund für einen Morgenkreis in der BAKIP in Innsbruck, einer Schule, in der KindergärtnerInnen / ErzieherInnen ausgebildet werden.

Text: Raimund Wolf

Einführende Gedanken

„Hat jeder genügend Wasser dabei, mindestens einen Liter?", fragt der israelische Wächter des Nationalparks am Banyas – River. Es ist keine Floskel, sondern ein absolut notwendiger Hinweis. Denn

„Wasser ist Leben".

Und so steigen wir zuerst hinunter ins Tal zur ersten großen Überraschung.
Vor uns der mächtige Jordanwasserfall:
Wasser, Wasser, Wasser.
Ein steiler Anstieg führt uns hinauf über den Wasserfall und dann immer dem Fluss entlang, durch üppige Vegetation, vorbei an alten Mühlen bis zur Quelle:

Wasser, Wasser, Wasser.

Jordanquelle

Für uns hat dieser Ort noch eine andere Bedeutung; denn hier ist jene Stelle der Hl. Schrift verortet, in der Jesus seinen Freunden die Frage stellt:
Für wen halten mich die Menschen?
Wer bin ich für euch?
Und Petrus antwortet:
Du bist der Messias, der Sohn Gottes!

Im Gespräch, wahrscheinlich durch die hervorsprudelnde Quelle angeregt, steht plötzlich folgender Name für Jesus Christus in unserer Mitte:

„Quelle des Lebens".

Wasser aus den Bergen

Erlebnisgestalt

Wir versammeln uns zum Kreis

- Wir reichen einen Regenmacher im Kreis weiter, schenken dem Nachbarn das Geräusch des Wassers. Im Weiterschenken schließen wir die Augen, um einfach zu hören und da zu sein.

Wir gestalten miteinander eine Quelle

- Mit grauen und hellbraunen Rhythmiktüchern bringen wir Felsen ins Bild.
- Mit einem blauen Band lassen wir „Wasser" aus den Felsen fließen
- in ein Becken, gestaltet mit einer blauen Runddecke.
- Wir fassen das blaue Rund mit größeren Steinen ein, deuten es als Quelle.
- Wir stellen in die Mitte eine Schale mit klarem Wasser.

Wassergedanken – eine kurze Phantasiereise

- Wir schließen unsere Augen und lassen uns innerlich zu einer Quelle, einem Wasserbecken, einem Brunnen führen.

Vielleicht erinnerst du dich an einen solchen Wasserplatz?
Schau dich um, spüre die Stimmung, höre die Geräusche.
Welche Gedanken kommen dir?
Was erfrischt dein Leben?
Wer ist für dich wie eine Quelle in deinem Leben?
Bleib einen Moment am Wasser, an der Quelle und lass den Ort wirken.
Öffne die Augen, sobald du das Geräusch des Wassers hörst.

- L gießt Wasser aus einem Krug in die Schale.
- Möchtest du uns etwas von deinem Wasserbild, deinem Ort am Wasser erzählen? Wer möchte, teilt einen Gedanken mit, die anderen hören zu.
  Wir können auch nochmals im Kreis den Regenmacher weitergeben, die Wassergeräusche hörbar machen.

Wir begegnen Gottes Wort

Manchmal können in unserem Leben Plätze, Menschen, Worte wie eine Quelle sein.
Auch in der Hl. Schrift wird immer wieder von Quellen berichtet.
Mitunter spricht die Hl. Schrift von Gott als dem lebendigen Wasser, der Quelle, die Leben ermöglicht. Ein Lied erzählt davon:

Text und Melodie:
Franz Kett

- Wir entzünden die Kerze zum Zeichen für Jesus, stellen sie an das Wasser.
- L liest das Messiasbekenntnis aus Mt 16,13–20.
  Auf seinem Weg durch den äußersten Norden des Landes kam Jesus in die Gegend von Caesarea Philippi. Dort fragte er einmal seine Jünger: Was sagen die Leute, wer ich sei? Einige meinen, so antworteten sie, du seiest Johannes der Täufer, andere, in dir sei Elia wiedergekommen, wieder andere, Jeremia oder ein anderer von den Propheten sei in dir aus dem Totenreich wiedergekehrt. Was sagt denn ihr selbst, wer ich sei? Da nahm Petrus das Wort: Du bist Christus, der Beauftragte Gottes und des lebendigen Gottes Sohn.
  Und Jesus bestätigte ihm: Glücklich bist du, Simon, Sohn des Jona, denn das haben dir nicht Menschen gesagt, das hat dir mein Vater im Himmel ins Herz gegeben. Und nun sage ich dir, wer du bist: Du bist Petrus, das heißt Fels. Auf diesen Felsen will ich meine Kirchew bauen und die Mächte der Hölle werden sie nicht überwältigen. Ich will dir die Schlüssel zum Himmelreich geben. Wen du auf der Erde bindest, der wird auch im Himmel gebunden sein, wen du auf der Erde lösen wirst, der wird auch im Himmel frei sein.
- Wir singen wieder den obigen Liedruf.

Wir vertiefen das Erlebte, das Gehörte

- Nacheinander geht jeder Jugendliche zur Mitte, zur „Quelle", schöpft mit einem Glas daraus und wartet am Platz, bis alle Wasser in ihren Händen halten. Wir kosten, trinken dieses lebendige Wasser, lassen uns davon ausfüllen.

Gebet

Danke für das Wasser, das uns jetzt erfrischt.
Danke für Menschen, die uns lebendig sein lassen.
Danke für Jesus, den Christus,
sein Wort ist wie Leben spendendes Wasser.

Material

Graue und hellbraune Rhythmiktücher; blaue Runddecke; blaues Band; Steine; Wasserschale; Wasserkrug; Kerze; kleine Trinkgläser

Eine Alternative in einer anderen Klasse war

L schöpft mit einer kleinen Schale Wasser aus der „Quelle“ in der Kreismitte, taucht den Daumen ins Wasser und bezeichnet die Stirn der Schülerin / des Schülers zur Rechten mit dem Kreuzzeichen und spricht ihr / ihm einen Segenswunsch zu. (Bei manchen Jugendlichen könnte das befremdend wirken, hier wäre ein Zeichen in die offenen Hände ratsamer.)

» Wie der Hirsch lechzt nach frischem Wasser, so lechzt meine Seele, Gott nach dir!
Psalm 42,2

**Jesus, der Christus, segne dich
mit lebendigem Wasser
für den heutigen Tag
im Namen des Vaters und
des Sohnes und des Heiligen
Geistes. Amen.**

Reihum segnet so jeder seinen Nachbarn.
Mit älteren SchülerInnen lässt sich das Wasserquelllied auch in Bewegung umsetzen.

Banyas Wasserfall

Jerusalem als Ort biblischer Erzählungen

Ich freute mich, als man mir sagte:
Wir ziehen zum Haus des Herrn

Jerushalayim – Stadt des Friedens für die Juden, die kommen, um an der Westmauer des Tempels – der Klagemauer – zu beten. El Quds – die Heilige für die Moslems, die auf den Tempelberg kommen, um sich dort in Richtung Mekka zu Boden zu werfen. Jerusalem – Stadt des Todes und der Auferstehung Jesu für die Christen, die durch die ‚Via Dolorosa' zur Grabeskirche pilgern. 3000 Jahre alt ist diese Stadt. König David hat sie zur Hauptstadt seines geeinten Reiches bestimmt und die Bundeslade in ihr aufgestellt. Sein Sohn Salomon erbaute in ihr den prächtigen, gold glänzenden ersten Tempel. Jerusalem seit 3000 Jahren Zentrum des Glaubens, aber auch Ziel der Armeen, Eroberung und in Besitznahme durch Reiche der westlichen Welt, unzählige Male zerstört. Die folgende Anschauung soll den Kindern begreifbar die Stadt näher bringen und dann als Basis für weitere Morgenkreise verwendet werden. Die Kinder sind begeistert dabei, diese Stadt im Bodenbild zu gestalten. Auf diesem Hintergrund wirken die Erzählungen der Bibel auch anders auf die Kinder, nämlich beeindruckender, intensiver.

Text: Raimund Wolf

Einführende Gedanken

Wenn du vom Ölberg auf die Stadt schaust und die Sonne aufgeht, erstrahlt sie im goldenen Glanz, nicht nur die herrliche, goldene Kuppel des Felsendomes – er steht an der Stelle des einstigen Tempels und lässt etwas von der goldenen Pracht dieses Heiligtums erahnen – sondern die Stadt als Ganzes mit ihren Mauern und Türmen.

Wenn die Sonne untergeht, leuchtet der Jerusalemstein in allen Rotschattierungen und du bist gebannt, fasziniert wie alle Ankömmlinge Jahrhunderte vor dir.

Mit dem Blick auf die Stadt fällt dir unweigerlich – wie allen ankommenden Pilgern zu allen Zeiten – der Psalm 122 ein:

- Der Wallfahrtspsalm 122

„Ich freute mich, als man mir sagte: Zum Haus des Herrn wollen wir pilgern. Schon stehen wir in deinen Toren, Jerusalem: Jerusalem, du starke Stadt, dicht gebaut und fest gefügt. Dorthin ziehen die Stämme hinauf, die Stämme des Herrn, wie es Israel geboten ist, den Namen des Herrn zu preisen. Denn dort stehen Throne bereit für das Gericht, die Throne des Hauses David. Erbittet für Jerusalem Frieden! Wer dich liebt, sei in dir geborgen.
Friede wohne in deinen Mauern, in deinen Häusern Geborgenheit. Wegen meiner Brüder und Freunde will ich sagen: In dir sei Friede. Wegen des Hauses des Herrn, unseres Gottes, will ich dir Glück erflehen."

Blick vom Ölberg auf Jerusalem

Weiter steigen beim Blick auf den Tempelplatz Bilder aus dem Neuen Testament vor deinem geistigen Auge auf:

- Maria bringt das Kind Jesus in den Tempel und legt es Simeon in die Arme: „Ein Licht, das die Heiden erleuchtet." (Lk 2,32)
- Der zwölfjährige Jesus inmitten der Tempelgelehrten: „Wusstet ihr nicht, dass ich im Hause meines Vaters sein muss." (Lk 2,49)

- Der Einzug Jesu auf dem Esel durch das goldene Tor:
„Gesegnet sei der König, der kommt im Namen des Herrn." (Lk 19,38)
- Jesus treibt die Geldwechsler und Händler aus dem Tempel:
„Mein Haus soll ein Haus des Gebetes sein." (Lk 19,46)
- Jesus feiert das letzte Abendmahl, schleppt sein Kreuz durch die Straßen der Stadt und stirbt vor ihren Mauern:
„Vater, in deine Hände lege ich meinen Geist." (Lk 23,46)
- Hier erleben Frauen als erste Zeuginnen: Jesus ist auferstanden, Gott hat ihn erweckt zu neuem Leben:
„Was sucht ihr den Lebenden bei den Toten." (Lk 24,5)
- Am Pfingsttag versammelt sich die junge Christengemeinde in der Stadt. Gottes Geist erfüllt ihre Herzen, Kirche beginnt hier in Jerusalem:
„Sturm und Feuerzungen erfüllten das ganze Haus, in dem sie waren." (Apg 2,2–3)

Erlebnisgestalt

Wir versammeln uns zum Kreis

- Wir reichen ein goldenes Rundblättchen mit einem ‚Guten Morgen' weiter.
- Der/die letzte SchülerIn markiert damit die Mitte.

Wir begegnen der Stadt

- L holt drei Kinder mit einer gelben Runddecke aus dem Stuhlkreis und hält sie gemeinsam mit ihnen über dem goldenen Mittelpunkt. Ein viertes Kind darf den Platz des L einnehmen.
- Jedes der vier Kinder an der Runddecke ruft nun ein Kind aus dem Stuhlkreis an seine Seite. Das Spiel setzt sich fort, bis alle Kinder an der Runddecke stehen. Gemeinsam legen die Kinder die gelbe Runddecke am Boden ab, bleiben dann eng im Kreis um die Decke stehen.
- L deutet die entstandene Formation: Ihr erinnert mich an eine Stadt, die ich sehr schätze. Eine Mauer umgibt sie und Wege führen durch Tore in sie hinein.
- Die Kinder spielen die Mauern und Tore. Vier Mal zwei Kinder drehen sich zueinander und bilden einen Torbogen. Die anderen stehen eng zusammen, die Hände auf die Schultern des Nachbarn gelegt wie eine starke Mauer.

L geht durch eines der Tore in die Stadt hinein, durch ein anderes wieder hinaus (selbstverständlich kann auch ein Kind diesen Weg gehen).

- Wir gestalten mit Bausteinen die Mauern und Tore der Stadt, legen mit braunen Tüchern die vier Wege aus.
- Finden wir einen Namen für unsere Stadt? Lichtstadt, Sonnenstadt …

Gestaltung des Tempels mit einer 3. Klasse

Erzählung

Jerusalem heißt diese Stadt. Sie galt den Juden als Zentrum der Welt. Menschen aus allen Himmelsrichtungen kommen an den großen Festen in die Stadt. Singend, jubelnd, musizierend ziehen sie durch ihre Tore.

Text und Melodie:
Franz Kett

- Wir legen in die Mitte der Stadt einen goldenen Reifen ab.
- Wir stellen ins Zentrum ein Licht, den siebenarmigen Leuchter, zum Zeichen für die Anwesenheit Gottes.

Wir deuten, was wir gestaltet haben

Der Glaube der Bewohner sagt ihnen: Inmitten der Stadt ist Gott bei ihnen. Einen Tempel, das Haus Gottes haben sie ihm daher gebaut.

- Wir verbinden uns über die Hände zur lebendigen Mauer.

Modell der Stadt Jerusalem / des Tempels im Bereich des Israelmuseums in Jerusalem

Gebet

Gott,
danke, dass du immer da bist
in deinem Haus, im Tempel, in der Kirche.
Danke, dass du da bist in unserem Dorf, in unserer Stadt.
Danke, dass du da bist jetzt, mitten unter uns.
Gib uns deinen Segen. Amen.

Für ältere Kinder mag sich durchaus auch der Psalm 122 als Gebet eignen.

Wir lassen das Erlebte nachklingen

- Wir schmücken die Mauern mit goldenen Ringen, goldenen Kugeln, goldenen Türmchen, lassen die Stadt golden erstrahlen.

Material

Eine gelbe Runddecke; goldener Reifen; Holzbauklötze; braune Tücher; siebenarmiger Leuchter oder schöne Kerze; goldene Ringe und Kugeln; goldenes Legematerial

Weiterführende Möglichkeiten

- Wir gestalten das Umfeld mit Tüchern / Legematerial (Teich Betesda, Ölberg mit Garten Getsemani, Täler, Friedhöfe ...)
- Wir gestalten Häuser aus Tüchern/ aus Holz innerhalb der Mauer um den goldenen Reifen.
- Wir bauen das Stadtmodell nach Montessori auf.
- Wir schneiden das Tempelmodell vom Regenbogenheft Nr. 21, Jg. 1991/92 aus und „bauen" es zusammen (zu bestellen in Klagenfurt/Österreich unter Tel.: 0043/463/5877-2145, Email: rb.verwaltung@kath-kirche-kaernten.at).
- Wir benennen die Teile - Mauern, Tore, Paläste, Tempelplatz, Tempel, Burg Antonia, Golgotha.
- Zum Vergleich hängen wir einen Stadtplan von heute auf.

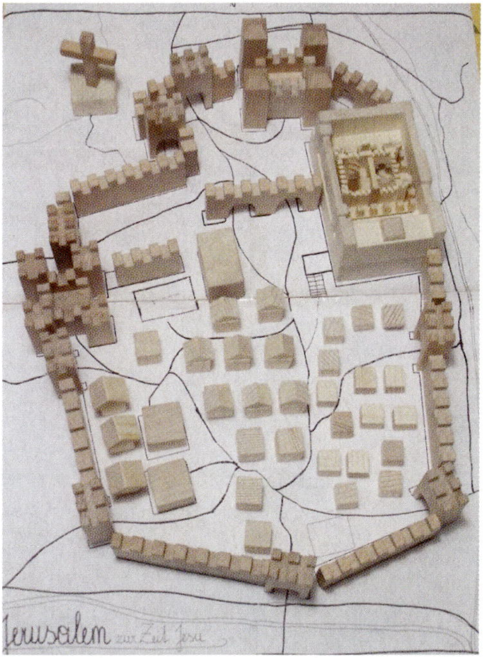

Montessori-Modell: Zu bestellen bei Helmut Peruci
A – 8570 Voitsberg, Tel.: 00 43 / 3142 / 2 73 81,
E-Mail: office@peruci.at

- Wir kleben einen einfachen Plan ins Heft – wichtige Orte, die im Zusammenhang mit Jesus stehen, tragen wir ein - den Plan erweitern wir mit Zeichnungen vom Einzug Jesu, von der Heilung am Teich Betesda, von der Blindenheilung am Teich Shiloach.
- L zeigt Dias/Fotos.

Jerusalem zur Zeit Jesu

Ältere SchülerInnen (ab 4.Klasse Grundschule) können Schriftstellen im Neuen Testament suchen und den Örtlichkeiten, z.B. Obergemach/Abendmahlsaal zuordnen / dazuschreiben.

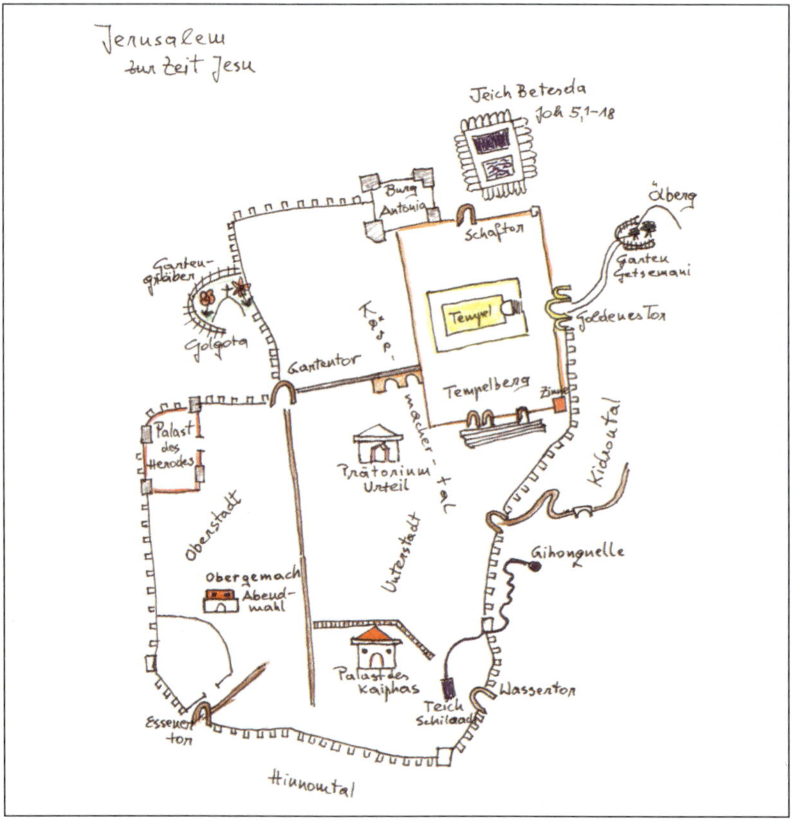

Jerusalem zur Zeit Jesu

Die Heilung am Teich Betesda

Steh auf und geh!

Jüdische Pilger kamen zunächst einmal in die Heilige Stadt, um in der alle Sinne ansprechenden Tempelliturgie - man könnte im Sprachgebrauch der RPP ganzheitlich-sinnorientierter Gottesdienst sagen – Heil zu erfahren.
Das Johannesevangelium kennt aber neben dem Tempel auch noch zwei andere Orte in Jerusalem, an denen Menschen Heil oder Heilung erfahren konnten:

- **Der Teich Schiloah (hier ist die Heilung des Blindgeborenen nach Joh 9,1-7 verortet)**
- **die Badeanlage von Betesda.**

Die folgende Einheit stellt den Teich Betesda mit seinen Säulenhallen in den Mittelpunkt. Nach Joh 5,1-18 stieß Jesus hier auf „Blinde, Lahme und Verkrüppelte“, vor allem einen Gelähmten, der schon seit 38 Jahren an seinem Gebrechen litt. Jesus heilt ihn durch sein Wort: „Steh auf, nimm deine Bahre und geh!“

Text: Raimund Wolf

Einführende Gedanken

Die Annakirche in Jerusalem ist eine der beeindruckenden Kirchen. Sie fasziniert durch ihren schlichten gotischen Kreuzfahrerstil und durch ihre hervorragende Akustik. Biblisch bedeutsam sind aber die Ausgrabungen des Teiches Betesda auf dem Gelände neben der Kirche. Wer sich der Mühe unterzieht, bis zu den ausgegrabenen Wasserbecken hinabzusteigen, tut sich leichter mit den Bildern des biblischen Berichtes:

- Von Zeit zu Zeit stieg ein Engel Gottes hernieder brachte das Wasser in Bewegung.
- Der erste Kranke, der in die Fluten stieg, kam geheilt heraus.

Annakirche in Jerusalem

Den folgenden Morgenkreis ‚Steh auf und geh!' habe ich mit einer 2. Hauptschulklasse – 12- und 13-jährige SchülerInnen – gestaltet. Für diese Altersstufe ist die RPP nicht einfach im Religionsunterricht umzusetzen. Weil ich die Anschauung auf das Erzählen der Geschichte, das Schauen innerer Bilder, kurzen körperlichen Ausdruck und eine schlichte Bodenbildgestaltung in Wegform reduziert habe, konnte ich die meisten SchülerInnen bewegen, mitzutun. Behutsamkeit vor allem im körperlichen Ausdruck – unbedingte Freiwilligkeit – war mir wichtig. Besonderes Gewicht legte ich auf das persönliche Sich-hinein-Denken in den Gelähmten und eine intellektuelle Auseinandersetzung mit kurzen Impulsen.

Erlebnisgestalt

Gestaltung des Schauplatzes

Ich begann die Erzählung nach Joh 5,1-9 mit einer Beschreibung und Gestaltung des Schauplatzes der Geschichte.

In meiner Geschichte gibt es einen Weg:

- Mach deine Augen zu und schau, ob überhaupt ein Weg vor deinem inneren Auge auftaucht!
  Wie ist der Weg?
  Wohin führt er?
  Gibt es Menschen auf diesem Weg?
  Bist du selber auf diesem Weg?
- Traut sich einer, für uns seinen Weg zu gehen?
  Der eine oder andere zeigt seinen Weg.
  Ein anderer geht den Weg nach.
- Wir bringen den Weg mit Schnüren ins Bild.

In meiner Geschichte führt der Weg durch ein Tor in die Stadt.

- Ein/e SchülerIn bildet gemeinsam mit dem Lehrer körperhaft über dem Seilweg ein Tor.
- Zwei andere SchülerInnen bringen dieses Tor mit grauen Rhythmiktüchern ins Bild.

Der Weg führt vorbei an einem Teich – eigentlich ist er eine Badeanlage – und endet im Zentrum der Stadt, beim Heiligtum, dem Tempel.

- Wir verlängern den Weg mit Seilen, schließen ab mit einem goldenen Reifen und stellen eine Kerze oder einen siebenarmigen Leuchter als Zeichen für den Tempel in die Mitte.

Wir bleiben noch beim Teich / bei der Badeanlage.

- Macht noch einmal eure Augen zu und stellt euch folgendes vor: In der Badeanlage – es ist so etwas wie ein Heilbad, eine Kuranstalt – gibt es schattige Säulengänge. Hier liegen Menschen, die Linderung, Heilung ihrer Gebrechen durch das bewegte Wasser erhoffen.

Über Stufen kann man hinabsteigen ins große Wasserbecken oder in kleine Grottenbäder.

Da liegt einer in der schattigen Säulenhalle, gelähmt, starr, unbeweglich. Er wartet darauf, ob ihm jemand über die Stufen hinab ins Wasser hilft. 38 Jahre liegt er schon da und wartet.

Kannst du seine Gedanken lesen?
Kannst du dir vorstellen, was er mitunter ruft, schreit?

- Öffne die Augen wieder und leg dich einmal so starr, unbeweglich, „gelähmt" hin – findest du das angenehm?
- Bevor ich euch die Geschichte aus dem Neuen Testament erzähle, gestalten wir noch diese Badeanlage / diesen Teich. Er heißt Betesda, d.h. Haus der Gnade.

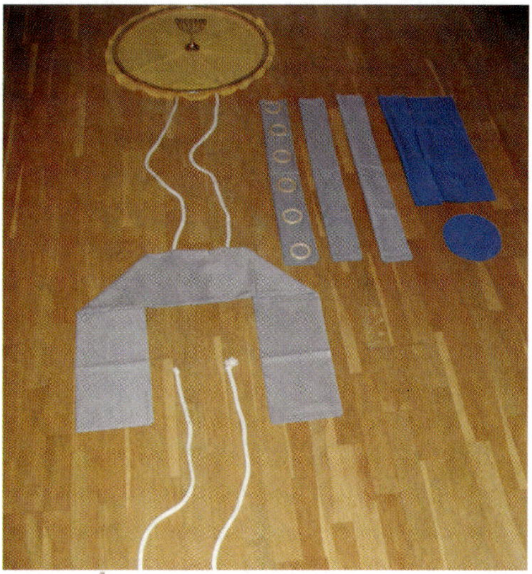

Der Schauplatz entsteht

Erzählung

In meiner Geschichte gibt es neben dem Gelähmten als Hauptperson Jesus von Nazaret. Er ist gerade auf dem Weg zum Tempel. Die Menschen feiern dort ein Fest und zudem ist Sabbat, Ruhetag. Vielleicht ist Jesus von der anderen Seite des Kidrontales, vom Garten Getsemani am Fuße des Ölbergs gekommen. Dort hält er sich gerne mit seinen Freunden auf, um auszuruhen, zu beten oder um miteinander zu sprechen.

Wir singen miteinander:

Text: Alois Albrecht
Melodie: Peter Janssens

aus: "Auf Messers Schneide", 1992

Jesus macht einen kurzen Abstecher zum Teich Betesda, um einen raschen Blick auf das Treiben am Wasser zu werfen.

Da sieht er den Gelähmten, hört seinen Hilferuf, erkennt sein langes Kranksein.

Ob er helfen soll?

Ob er ihn heilen darf?

Am Sabbat, an dem jede Art von Arbeit verboten ist?

Was denkt ihr?
Kann der Kranke nicht noch einen Tag warten?
Die Pharisäer werden den Geheilten und Jesus später dann daraufhin ansprechen.

» Steh auf und geh!

Jesus stellt sich offenbar diese Frage nicht.
Er sagt ganz klar und eindeutig zum Kranken:
„Steh auf, nimm deine Trage und geh!“

- Können wir diesen Befehl einmal gemeinsam sprechen, hören, wie das klingt.
  „Steh auf, nimm deine Trage und geh!“
- Vielleicht getrauen wir uns, Folgendes zu spielen:
  Alle liegen oder sitzen unbeweglich, „gelähmt“ am Boden, ich spreche ein Kind an: Steh auf und geh!
  Wenn ein Kind aufsteht, spricht es ein anderes an, bis alle stehen/gehen.
  Wie hört sich das für den „Gelähmten“ unter uns an?
  Ob wohl alle reagieren, alle aufstehen?

In dieser Morgeneinheit sind nicht alle aufgestanden.
Das hat anschließend zum Gespräch und zur Einsicht geführt, dass auch der Wille gefragt ist: Willst du überhaupt gesund werden?

Später trifft Jesus den Geheilten im Tempel. Wahrscheinlich hat er Gott Dank gesagt, vielleicht eine Taube geopfert, ein Licht entzündet.

Wir fassen das Erlebte deutend im Gebet zusammen

- Zündet ein Teelicht an, stellt es in den „Tempel“, denkt dabei an jemanden, der im Rollstuhl sitzt, gelähmt im Bett liegt oder denkt einfach an jemanden, der krank ist an Leib und Seele.

Gebet

**Jesus, dich kümmert keine Kritik der Gegner,
auch keine der Pharisäer.
Du weißt, Gott heilt zu jeder Stunde,
besonders auch an dem Tag,
wo man Gott anbetet und verehrt.
Du siehst die Not und hilfst.
Gemeinsam wollen wir mit deinem Gebet alle Menschen in Not Gott anvertrauen.**

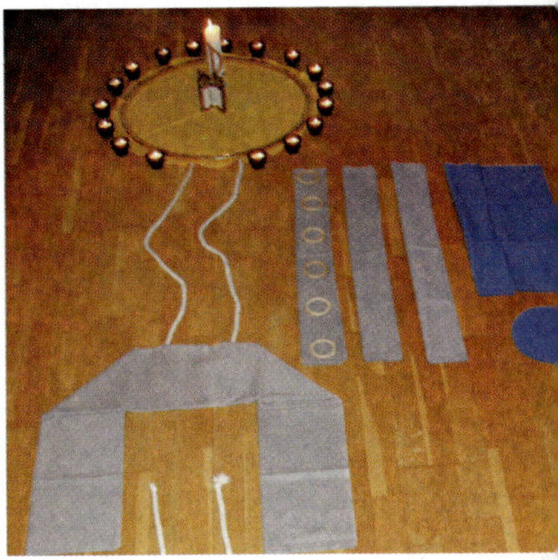
Lichter im Tempel – Dank an Gott

Vater unser im Himmel

Abschlusslied: Geh mit uns auf unserm Weg

Text: Norbert Weidinger, J. Richter
Melodie: Ludger Edelkötter

2) Wenn allen uns die Sicht genommen, musste das geschehn.
Wenn Hoffnung, Mut und Kraft zerronnen: Wie soll´s weitergehn?

3) Wenn Nacht auf uns hereingebrochen: Brich mit uns das Brot.
Bis das letzte Wort gesprochen, bis zum Abendrot.

Material

Seile; graue Tücher; blaues Tuch; blaue und gelbe Runddecke; goldener Reifen; Jesuskerze/siebenarmiger Leuchter; Teelichter

Von Jerusalem durch die Wüste Juda

Der Herr ist mein Hirte

Steil fällt das judäische Bergland zum Jordangraben hinab. Der Teil mit Jerusalem hat noch relativ viel Niederschläge während des Jahres. Der große Graben mit Jordan und Totem Meer liegt im Regenschatten und ist angewiesen auf Brunnen und Quellen, die die Wasser aus dem Bergland speisen, z. B. die Quelle im Wadi Quelt, die Elischaquelle in Jericho und die Quelle En Gedi am Toten Meer. Sie sind die Lebensgrundlage für Tiere, Hirten, der Bevölkerung dieses Gebietes. Der folgende Morgenkreis ‚Der Herr ist mein Hirte' nimmt diese Bilder der Begegnung als Hintergrund auf. Ich habe ihn an einem Montag mit den SchülerInnen der 1. Klasse der Grundschule gestaltet.
Ich erinnere mich noch gut:
Beeindruckt waren die Kinder von der Tatsache, dass Hirten dort für ihre Tiere in erster Linie Wasserstellen suchen und des Nachts vor wilden Tieren sicher in den bergenden Pferch bringen.
Beeindruckt hat mich vor allem, wie die Kinder von ihren ‚guten Hirten' erzählt haben.

Etwas vereinfacht kann ich mir diesen Morgenbeginn gut in einem Kindergarten vorstellen.

Text: Raimund Wolf

Einführende Gedanken

Ich stehe auf der Hügelkuppe neben der alten Römerstraße und lasse meinen Blick schweifen.
Vor mir tut sich die Wüste Juda auf, so weit das Auge reicht Hügel, Sand, Einsamkeit und tief drunten der Weg durch das Wadi Quelt mit seiner Wasserleitung.

Aquadukt im Wadi Quelt

Wasserfall im Naturschutzgebiet En Gedi

Ich stehe hoch über dem Dry Canyon und lasse wiederum meinen Blick schweifen. Diesmal tun sich vor mir die steilen Abstürze der Wüste Juda hinunter zum Toten Meer auf, aber auch die größte und fruchtbarste Oase, die von der Quelle „Ein Gedi", d.h. Quelle des Zickleins, gespeist wird.

Und immer wieder erlebe ich in diesen Gebieten folgende Bilder, oder sie tauchen in der Erinnerung vor meinem geistigen Auge auf:

- Ein Hirtenjunge sitzt mit seinem Hund auf der Kuppe eines Hügels, hält Ausschau nach seinen Schafen.
- Ein Hirte reitet auf seinem Esel hinter seiner Herde einher, sein Hund hält die Herde zusammen.
- Hirtenmädchen treiben ihre Ziegen und Schafe in einen Pferch und zählen dabei ihre Tiere.
- Eine Schafherde mit einigen schwarzen Ziegen dazwischen trinkt aus dem Aquadukt oder der Quelle.
- Dann habe ich immer wieder Wasserstellen vor Augen, einen Brunnen, die Quelle oder das Aquadukt im Wadi Quelt, die Quelle des Zickleins in En Gedi, den Wasserfall im Nahal David, die Zisternen und Tauchbäder der Essenermönche im heißen Qumran.

Wer diese Bilder der Wüste, der Schluchten, der Höhlen und gleichzeitig die der Wasserstellen, der Brunnen, der Quellen sieht, wer selber in der Hitze des Tages hier unterwegs war, wer so einem Hirten mit seiner Herde begegnet ist oder wer sich wenigstens derartige Bilder vor seinem inneren Auge vorstellen kann, in dessen Ohr, in dessen Herz wird der Beginn des 23. Psalms anders klingen:

„Der Herr ist mein Hirte, nichts wird mir fehlen. Er lässt mich lagern auf grünen Auen und führt mich zum Ruheplatz am Wasser.“

Alter Hirte mit seiner Herde auf dem Heimweg

Erlebnisgestalt

Wir versammeln uns zum Kreis

- Wir nehmen uns im Kreis wahr, schauen ob einer fehlt, fragen nach, wie es dem, der krank ist, geht.
- Wir beginnen mit dem Lied:

Text: Franz Kett
Melodie: Alle Vögel sind schon da

Gemeinsam gestalten wir in der Mitte einen ‚Pferch'

- Wir legen gemeinsam ein grünes Tuch in der Kreismitte ab und runden es.
- Wir fassen das Rund mit Steinen ein, lassen eine Öffnung frei.

- Dazu legt ein Kind nach dem anderen einen Stein an das runde Tuch.
- Wir verbinden uns im Kreis, bilden eine runde Mauer.
- L deutet das Bild auf eine eingefasste Schafweide hin, weist auf ähnliche Orte in unserer Gegend, gibt ihr den Namen ‚Pferch'.
- Jedes Kind bringt ein Schaf auf die Weide, in den Pferch und gibt ihm einen Namen.

Wir begegnen dem Hirten Daniel

- L bringt eine Erzählfigur in den Kreis, zeigt sie in einem Umgang den Kindern, singt dabei das Lied:

Text und Melodie:
Franz Kett

Ich verwende den Namen Daniel für den Hirten und den Namen Azo für das Schaf, weil sie in einer späteren Bilderbuchgeschichte für den Hirten und das verlorene Schaf vorkommen.

- Die Erzählfigur des Hirten wandert im Kreis. Er schaut jeden Einzelnen an, spricht ihn an. Was kann er dir sagen?
- Ein Kind, das in der Lage ist, dem Hirten seine Stimme zu leihen, hält ihn an und spricht aus, was der Hirte sagt, gibt die Figur dann weiter. Es kann aber auch L dem Hirten die Stimme leihen, aussprechen was der Hirte für seine Schafe tut, oder wir können gemeinsam überlegen, was ein Hirte wie der Daniel, der seine Tiere gern hat, für sie tut:

Er schaut, dass er grüne Weideplätze findet.
Er bringt sie zum Wasser.
Er begleitet sie durch schwierige Gegenden.
Er tröstet sie, nimmt die Kleinen in seinen Arm.
Er verbindet ihre Wunden, trägt verletzte Schafe.
Er zählt sie, damit ihm keines fehlt.
Er sucht nach den Schafen, die sich verlaufen haben,
bringt sie wieder zurück.

- Wir stellen Daniel ins Bild zu seinen Schafen.

Wir begegnen den Hirten unter uns

- Wir sprechen miteinander über „Hirtenmenschen".
- Wir überlegen gemeinsam, ob wir Menschen kennen, die wie dieser Hirte Daniel handeln, die schauen, dass es mir gut geht, dass ich zu Essen habe, die mich begleiten, mich trösten, in den Arm nehmen.
- Kann ich selber so ein guter Hirte sein?
  Dieses Gespräch am Montagmorgen ist etwas vom Wichtigsten in diesem Morgenkreis.
- Die Kinder nennen vielleicht Oma, Opa, Mama, Papa, ErzieherIn, LehrerIn, Freunde.
  Die angegebene Reihenfolge ist aus meiner Erfahrung in den Antworten der Kinder entstanden.

Wir deuten das Erlebte im Gebet

- Wir entzünden die Jesuskerze.
- Wir danken für unsere guten Hirten, Oma, Opa, Mama, Papa, ErzieherIn, LehrerIn, Freunde …

  Wir bitten darum, dass wir heute selber Augen, Ohren, Hände und ein Herz haben wie der Hirte Daniel, wenn ein anderes Kind meine Hilfe braucht.
- Wir stellen für unsere Hirten ein Licht in den Weideplatz

  oder auch um den Weideplatz herum, dann können wir das Licht auch strahlen lassen / verzieren.

Der gute Hirte und seine Schafe

Fortführende Möglichkeiten

In der nächsten Schulstunde erweiterten wir gemeinsam das Mittebild durch eine Landschaft mit Bergen, trockenem Land, Dornengestrüpp, steinigen Wegen, fruchtbaren Wiesen, einer Wasserstelle, einer Höhle.

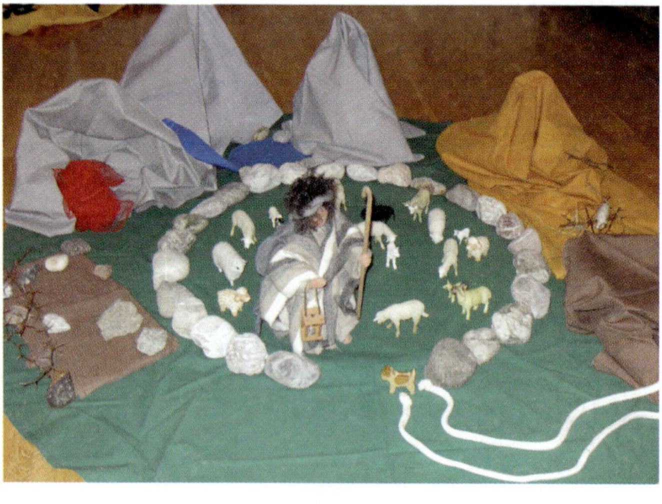

Ich bin der gute Hirte

Erzählung

Ich halte mich an die Vorgabe des Buches von Regine Schindler „Das verlorene Schaf“ (aus der Reihe „Religion für kleine Leute“ Verlag: Ernst Kaufmann – Lahr).

Zwischendurch singe ich den Liedruf: Ich bin der Hirte Daniel (s. S. 56).

Alle wiederholen den Liedruf.
In einer weiteren Stunde erzähle ich an Hand dieses Bilderbuches nochmals die Erzählung. Wichtig sind dabei meine Erfahrungen aus Israel. Interessiert hören die Kinder zu, wenn ich von meinen Begegnungen mit Hirten und Hirtinnen erzähle. Manche Kinder lesen das Buch in den folgenden Tagen immer wieder.

Ich deute die Geschichte zum Abschluss auf Gott / auf Jesus hin:
Diese Geschichte steht in der Bibel. Jesus hat sie den Menschen auf ihre Frage „Wie ist der liebe Gott, von dem du immer sprichst“ erzählt und am Schluss hinzugefügt:

Ich bin der gute Hirte!

Wir schließen mit Psalm 23 in einfacher Sprache als Gebet ab

Gott du bist mein Hirte, mir wird nichts fehlen.
Du bringst mich auf saftige, grüne Wiesen
und führst mich zu klaren Wasserstellen.
Du stillst meine Sehnsucht,
du begleitest mich auf meinem Weg und
führst mich auf dem richtigen Weg.
Und wenn ich auch gehen muss durch ein
finsteres Tal,
ich fürchte mich nicht,
denn dein Stock und dein Stab geben mir
Zuversicht und Halt.

Jedes Kind bekommt ein Bild vom guten Hirten, kann es ins Heft kleben und in persönlicher Gestaltung erweitern:

- durch eine Landschaft
- durch Benennung der guten Hirten aus dem eigenen Lebensbereich
- durch Verzierung mit einem farbigen Rahmen
- durch den Merksatz: Jesus ist der gute Hirte.

Bild aus „Mein Bibelmalbuch zum Neuen Testament“ – RPA-Verlag

Text und Melodie:
Franz Kett

Themen für 2009:

Ausgabe 1/2009 „Sonn-Wend-Feuer“
Ausgabe 2/2009 „Gottesbilder des AT“

MitarbeiterInnen dieser Ausgabe

Raimund Wolf, Innsbruck, Mitarbeiter in der KPH Edith Stein, Innsbruck

Margot Eder, Seebruck am Chiemsee, Leiterin der Fachstelle Religionspädagogisches Arbeiten im Elementarbereich der Erzdiözese München

Franz Kett, Gröbenzell, Schulrat in Ruhestand, Herausgeber der Religionspädagogischen Praxis, Referent für Fortbildungen in der ganzheitlichen sinnorientierten Pädagogik

Hanni Neubauer, Dießen am Ammersee, Erzieherin, Gemeindereferentin, Erwachsenenbildnerin

Fotos und Bilder:
Altbischof Dr. Reinhold Stecher, Innsbruck, S. 9 oben, 16
Raimund Wolf, Innsbruck, S. 9 unten, 15, 23 oben, 32, 34, 36 beide, 39, 41, 43, 44, 45, 46, 47, 49, 53, 54, 55, 58 oben und unten
Elisabeth Gaßner, Freising, S. 10
Beate Spöck, Innsbruck, Religionslehrerin, S. 11, 12, 17, 23 unten, 27, 29, 30 beide, 33
Sabine Durnwalder Engele, Meran, Religionslehrerin, Seite 20
Johanna Fischer, Friedberg, S. 60 unten

Skizze:
Monika Molnar, Karlsfeld, Erzieherin, S. 18

Notensatz:
Johannes Kindl, Landshut, RPA-Verlag

Die Bildermappe enthält 8 großformatige Bilder von **Altbischof Dr. Reinhold Stecher** mit Texten von **Hanni Neubauer**. Sie sind zur Bildbetrachtung und Meditation für Kinder, Jugendliche und Erwachsene geeignet.

Kurse und Fortbildungen

Kurse auf dem Weg der „Religionspädagogischen Praxis – RPP“

Wochenendkurse

Ort:	Oase Steinerskirchen
Termine:	jeweils Freitag, 18.00 Uhr bis Sonntag, 13.00 Uhr
Zielgruppe:	Erzieher, Lehrer, Katecheten, interessierte Eltern
Referenten:	Franz Kett und Mitarbeiter
Kosten:	Kursgebühr 40,– € zzgl. Übernachtung/Verpflegung EZ 83,– €, DZ 64,40 €
Anmeldung:	Franz Kett, Irisstraße 4, 82194 Gröbenzell, 0 81 42 / 5 22 95

Kurs 1

Thema:	„Der du die helle Sonne bist“
Termin:	6. bis 8. März 2009
Inhalt:	Auf ganzheitliche Weise der Gestalt Jesu als Gottessohn – Menschensohn begegnen. Anregungen für ein persönliches Glaubensleben und für die Glaubensvermittlung an Kinder
Referenten:	Georg Batzer, Franz Kett

Kurs 2

Thema:	„Die Schöpfung schauen“
Termin:	15. bis 17. Mai 2009
Inhalt:	Schöpfungsgeschichten erzählen, deuten, gestalten, feiern
Referenten:	Rosmarie Guggenmos, Franz Kett

Kurs 3

Thema:	„Ich bin da – zusammen mit anderen – um eine Mitte“
Termin:	25. bis 27. September 2009
Inhalt:	Reflexionen über Menschenbild und Pädagogik der RPP, verbunden mit praktischen Übungen
Referenten:	Elisabeth Gaßner, Franz Kett

Kurs 4

Thema:	„Talent zum Advent“
Termin:	27. bis 29. November 2009
Inhalt:	Gestalten und Singen – Tanzen zum Weihnachtsfestkreis
Referenten:	Kathi Stimmer-Salzeder, Franz Kett

Sommerwoche

Thema:	Sinnorientierte Pädagogik als Weg ganzheitlich-religiöser Erziehung
Ort:	Oase Steinerskirchen, Besinnungshaus der Herz Jesu Missionare, 86558 Hohenwarth
Termin:	27. Juli 2009, 14.00 Uhr bis 31. Juli 2009, 13.00 Uhr
Zielgruppe:	Erzieher, Katecheten, Lehrer, interessierte Eltern
Inhalt:	– Übungen zur Stille und Sammlung – Übungen zur Kreis- und Gruppenbildung – Liedgestaltung in Bewegung und Tanz – Erschließung von „Lebenswissen“ aus der Schöpfung und im Umgang mit Zeichen, Symbolen, Märchen, Legenden, biblischen Erzählungen – Gestaltung der gewonnenen Erfahrungen mit „Materialien“, in der Klangsprache, Pantomime und Tanz
Referenten:	Franz Kett und Susanne Kopp
Kosten:	Kursgebühr: 110,– € zzgl. Übernachtung 172,80 € EZ, 139,60 € DZ

Wir sind im Weihnachtsurlaub.

Von 24.12.2008 bis 2.1.2009 sind wir nur schriftlich erreichbar: info@rpa-verlag.de
Ab 5.1.2009 sind wir wieder für Sie da.

Wir wünschen Ihnen ein frohes Weihnachtsfest und Gottes Segen im Neuen Jahr.

Fachtagung

Veranstalter:	Institut für ganzheitlich-sinnorientierte Pädagogik – RPP e. V.
Thema:	Erfahrungen des Heiligen Religionspädagogische Erschließungsmöglichkeiten der ganzheitlich-sinnorientierten Pädagogik – RPP
Referentin:	Dr. Helga Kohler-Spiegl, Professorin für Religionspädagogik und Humanwissenschaften an der Pädagogischen Hochschule Feldkirch (A), Schriftleiterin der Katechetischen Blätter des DKV
Ort:	Kardinal-Döpfner-Haus, Domberg 27, D-85354 Freising bei München www.bildungszentrum-freising.de
Termin:	Samstag, 17. Januar 2009, 10.00 Uhr bis Sonntag, 18. Januar 2009, 12.00 Uhr
Kosten:	Tagungsgebühr 10 € für Vereinsmitglieder, 20 € für Nichtmitglieder Unterkunft und Verpflegung 90 € für 2 Tage, 50 € für einen Tag
Anmeldung:	Hannerose Koch-Holzer, Hartmanngasse 23 a, A-6830 Rankwell hannerose.koch-holzer@cable.vol.at Nach der Anmeldung erhalten Sie eine genauere Kursbeschreibung.

Wochenende

Thema:	Kommt und feiert mit! Kinder- und Familiengottesdienste sind vielerorts fester Bestandteil der liturgischen Vielfalt in den Gemeinden geworden. Im Gottesdienst spricht Gott zu uns in seinem Wort und wir antworten ihm im Gebet, im Lied, in der Stille, im Tanz, in der Bewegung, im Handeln und im Gestalten. Wir begegnen Gott im Dialog über Symbole und Handlungen. Im Gottesdienst entsteht so ein „Dialograum“ für die Begegnung mit Gott. Eine entsprechende Gestaltung und Vorbereitung der Gottesdienste sind Thema des Kurses.
Ort:	Exerzitienhaus spectrumKIRCHE, Passau
Termin:	13. bis 15. Februar 2009
Referenten:	Franz Kett und Christine Krammer
Kosten:	120,– €
Infos und Anmeldung:	sprectrumKIRCHE, Schärdinger Straße 6, 94032 Passau, Tel.: 08 51 / 9 31 44-0, Fax: -1 01, www.spectrumkirche.de